LES AVEUGLES

PAR UN AVEUGLE

COULOMMIERS. — IMP. P. BRODARD ET GALLOIS.

MAURICE DE LA SIZERANNE

LES AVEUGLES

PAR UN AVEUGLE

AVEC UNE PRÉFACE

DE

M. LE COMTE D'HAUSSONVILLE

DE L'ACADÉMIE FRANÇAISE

✳

PARIS

LIBRAIRIE HACHETTE ET Cie

79, BOULEVARD SAINT-GERMAIN, 79

1889

PRÉFACE

Ceci n'est pas seulement un bon livre; c'est encore une bonne action. Un aveugle s'est intéressé au sort des aveugles. Il a voulu émouvoir en leur faveur, non pas les âmes charitables qui n'en avaient pas besoin, car elles ne sont oublieuses d'aucune misère, mais ce grand public sans le concours duquel on ne fait rien de solide ni de durable. Placé lui-même par le sort bien au-dessus de cette triste préoccupation du pain quotidien qui est le lot d'un trop grand nombre de ces malheureux, c'est surtout leur condition morale qui lui tient à cœur, et il a consacré la meilleure part de son livre à leur réhabilitation. Je me sers à dessein de ce mot qui pourra paraître un peu

fort, mais M. de la Sizeranne se plaint précisément (et il rapporte avec bonne grâce, à
l'appui de sa plainte, certaine anecdote où
il joue un rôle) que l'aveugle passe dans la
société pour un être inférieur, incomplet,
auquel il ne manquerait pas seulement un
sens précieux, mais dont les facultés intellectuelles et morales seraient en quelque sorte
atrophiées et engourdies. C'est contre ce pré-
jugé que M. de la Sizeranne a voulu protester,
et les premières pages de son livre sont consacrées à démontrer qu'il n'y a aucune infériorité intellectuelle de l'aveugle par rapport au
clairvoyant.

Le clairvoyant! Se figure-t-on bien tout ce
que ce mot peut signifier pour l'aveugle? Nous
le prenons au sens métaphorique; nous en
avons fait une qualité de l'esprit, une épithète
élogieuse. Mais pour celui qui prend cette
épithète au sens réel et qui en même temps
n'a pas l'expérience de cette réalité, imagine-
t-on tout ce qu'elle doit impliquer de re-
grets, de désirs, de tristesses, peut-être même

d'amertumes? Être clairvoyant, c'est-à-dire ne
pas se sentir perdu dans une obscurité perpé-
tuelle et comme égaré dans un brouillard noir ;
connaître la forme et la couleur des choses ;
distinguer les êtres ; savoir qui l'on aime.
Quelle jouissance ! Mais aussi en être privé,
quel désespoir ! et il semble que ce désespoir
doive être de chaque jour, de chaque heure,
de chaque minute, tout ce qui est pour nous
l'occasion d'une sensation fugitive, mais agréable, devenant pour l'aveugle une cause de
privations et de tourments. — Eh bien, s'il
faut croire M. de la Sizeranne, la condition de
l'aveugle ne mériterait pas cette compassion,
et les privations dont il souffre seraient en
partie compensées par des jouissances inconnues aux clairvoyants. Ces jouissances lui pro-
viennent de l'extrême développement auquel
arrivent chez lui les autres sens et en particulier le sens de l'ouïe et celui de l'odorat. M. de
la Sizeranne, qui doit le savoir, n'épargne
rien pour nous en persuader. Je ne puis résister au désir de citer une page charmante où,

sans essayer de faire œuvre littéraire, il décrit cependant, avec un talent véritable, ces sensations supplémentaires en quelque sorte qui sont connues de l'aveugle et inconnues du clairvoyant : « Il y a, dit-il, pour l'aveugle, beaucoup de sons, beaucoup de bruits caractéristiques : ici c'est la cloche d'un couvent, là l'horloge d'une église, d'un hôpital; ailleurs un menuisier, un tailleur de pierre, une maison en construction. Tout est remarqué, associé et mis à profit. Tout cela est pour la ville et le village, mais en pleine campagne la nature prend soin de donner à l'aveugle bien des indications, bien des jouissances, qui sont autant de jalons pour sa route. Ici c'est un mouvement de terrain, une ornière, un passage rocailleux ou sablonneux, une clairière tapissée de gazon, de mousse, d'aiguilles de pin; là c'est un bois résineux, un pré, une meule de foin, une touffe de genêts et de fleurs sauvages. Ailleurs, ce sera les chuchotements d'un ruisseau, le bruit des arbres ou des arbustes. Le lilas et le chêne ne disent pas la même chose lorsque le vent passe; ils ne frissonnent pas de la même manière en mai et en octobre. Autres sont les oiseaux qu'on entend lorsqu'on est assis au pied d'un vieil orme au milieu d'un grand bois, ou sur la berge de la rivière qui traverse la prairie....

« ..... La nature est donc peuplée, vivante, variée pour l'aveugle. Sans doute il lui manque beaucoup de jouissances, d'indications que le clairvoyant possède, mais il lui en reste de très pénétrantes, de très précises, que ce dernier soupçonne à peine, occupé qu'il est par les impressions vives, mais distrayantes, que donne la vue. »

Êtes-vous convaincu? Moi je ne le suis pas tout à fait, et même après avoir lu le livre de M. de la Sizeranne, il me reste sur la condition relativement heureuse de l'aveugle une certaine méfiance dont je dirai très franchement la raison. J'ai connu un aveugle qui était aussi un chrétien fervent. Un jour que cet aveugle se trouvait par hasard, à la nuit tombante, dans une chambre sans lumière,

quelqu'un entra brusquement et lui dit, sans
réflexion : « Comment! vous êtes là dans
l'obscurité! — Oh, vous savez, répliqua doucement l'aveugle, pour moi il fait toujours
clair. » Je soupçonne M. de la Sizeranne d'ap-
partenir à cette race d'aveugles pour lesquels
il fait toujours clair, parce que leurs yeux sont
tournés vers la clarté qui vient d'en haut.
Pour traduire autrement ma pensée, je dirai
que le livre de M. de la Sizeranne est un excellent petit traité de résignation chrétienne. Il y
en a de tout à fait excellents (je ne les ai pas
lus, mais j'en suis sûr), que des pères de
l'Église ou des moralistes ont pris la peine
de rédiger sur ce même sujet. Mais il est plus
facile de se résigner aux maux d'autrui qu'aux
siens, et celui qui prêche d'exemple, comme
M. de la Sizeranne, aura toujours bien plus
de crédit.

Il ne suffit pas à l'auteur de ce petit livre
d'avoir démontré qu'il n'y a point chez l'aveugle infériorité intellectuelle; il veut encore
établir qu'il n'y a point non plus chez lui infé-

riorité morale, j'entends par là qu'il vit d'une
vie aussi pleine et aussi forte que le clairvoyant. Ici encore M. de la Sizeranne va nous
prêcher d'exemple. Sa sollicitude pour les
aveugles ne se borne pas à écrire des ouvrages en leur faveur. Il en connaît beaucoup,
il les suit dans leur existence difficile. Il
va nous faire pénétrer dans le détail de ces
existences. Nous apprenons par lui que les
aveugles se marient parfois entre eux. Assez
souvent aussi, on voit une jeune fille clairvoyante épouser un aveugle. Mais il est infiniment rare qu'un clairvoyant épouse une
jeune fille aveugle. Il faut pour une associa-
tion de ce genre un dévouement dont notre
sexe ne se montre guère capable. Généralement ces ménages sont contents de leur sort,
à condition bien entendu qu'ils trouvent un
gagne-pain dans quelques-unes des professions auxquelles on peut exercer les aveugles :
organistes, accordeurs de pianos, brossiers,
vanniers, et d'autres encore. Leur infirmité
les préserve de beaucoup de tentations et leur

enseigne la modération des désirs. Ils ne
songent ni à s'élever au-dessus de leur condition, ni à courir après les divertissements.
Les affections de famille sont leur bien le plus
précieux; ils en jouissent vivement et font
volontiers souche d'honnêtes gens qui sont en
même temps des clairvoyants (ceci, malgré
tout, ne gâte rien). Je voudrais que nos pessimistes qui souvent sont d'autant plus enclins
à mépriser la nature humaine qu'ils l'ont étudiée de moins près, je voudrais, dis-je, que
nos pessimistes accompagnassent M. de la
Sizeranne dans quelques-unes des visites qu'il
nous fait faire. Ils seraient bien forcés de
reconnaître que, sinon chez les clairvoyants,
du moins chez les aveugles, on trouve bien de
la vertu. M. de la Sizeranne nous conduit en
particulier dans l'intérieur d'un jeune ménage
d'aveugles qui demeure impasse de la Tour-
de-Vanves, à Paris-Plaisance. Le mari est
brossier dans un atelier, il gagne 2 fr. 50 par
jour; la femme est brocheuse, elle gagne
1 fr. 50. Cela suffit à la subsistance du ménage

et à celle de deux enfants. Mais il faut aussi
gagner le loyer, et pour cela le père fait
encore du filet le soir de huit heures à minuit,
pendant que la mère, après avoir fait le
ménage, continue de coudre des cahiers à
côté de lui. Ils causent en regardant de temps
à autre (car les aveugles regardent aussi) leurs
enfants qui dorment. Ils s'aiment, ils sont
heureux, et M. de la Sizeranne ne pouvait terminer, plus habilement que par ce tableau,
son plaidoyer en faveur des aveugles. Où
donc est le bonheur? dit-on parfois, et c'est
même précisément ainsi que commence une
des plus belles pièces des *Feuilles d'au-
tomne*. Être aveugle et se résigner : est-ce
que le bonheur serait là? J'en doute un peu
cependant, mais lisez M. de la Sizeranne :
peut-être il vous persuadera.

COMTE D'HAUSSONVILLE,
de l'Académie française.

INTRODUCTION

C'était en wagon. L'express n'avait eu qu'une minute d'arrêt à la station de ***. En ouvrant la portière, mon guide m'avait simplement dit : « Un voyageur au fond, à droite. » J'avais escaladé les marchepieds, lestement enlevé valise, couvertures, etc., et, avant que le train fût complètement lancé , une portion de mon bagage était rangée sur le filet, l'autre développée sur mes genoux, et la valise gonflée de paperasses ouverte sur la banquette à côté de moi. Je tirai de ce bureau ambulant un volumineux courrier point encore dépouillé; en un tour de main, j'eus séparé la portion écrite en noir de celle écrite en points saillants. Puis, réservant la première pour me la faire lire plus

tard, je me mis à parcourir la seconde, tout
en prenant des notes à l'aide d'une réglette à
écrire le *Braille* [1]. Mon guide savait que, con-
naissant de longue date la disposition d'un
wagon, je n'avais nullement besoin de ses services; il était donc monté après moi, avec son
bagage, et en avait tiré un Jules Verne qu'il
dévorait.

Cette scène que je jouais pour la millième
fois, et certes sans le moindre apprêt, intri-
guait au plus haut point le voyageur (grand
industriel, me dit-il ensuite), en face de qui
je m'étais assis. Il m'observait curieusement,
et, quand je fus plongé dans mon travail,
s'adressant à mon guide, comme si j'eusse été
incapable de lui donner la réplique :

« *Est-ce* de naissance? » dit-il.

Mon guide, très préoccupé par sa lecture,
répondit : « Non », par un signe de tête.

Après une pause, nouvelle question, toujours
en diagonale :

« *Il* écrit! »

Nouvelle réponse mimée, mais affirmative —

1. Écriture en relief à l'usage des aveugles.

et longue méditation. Puis, baissant la voix :
« *Il* doit être bien malheureux! que peut-*il*
faire? »

La réponse par signes n'était plus possible.
Aussi, prenant la parole et donnant une dimension inusitée au premier pronom personnel
fréquemment répété : « *Je* serais aveugle de
naissance, dis-je, que *je* pourrais faire tout ce
que *je* fais... »

Et je m'efforçai de faire discrètement comprendre à mon interlocuteur — homme très
aimable d'ailleurs — qu'un aveugle n'est pas
fatalement un être bizarre, un peu muet, un
peu sourd, dont toutes les facultés se seraient
engourdies dans l'obscurité; que, pour avoir
des renseignements sur lui, lorsqu'on l'a devant
soi, il n'est pas nécessaire, comme pour un
chimpanzé, un chien savant ou un enfant en
bas âge, de s'adresser à un tiers, en disant :
« Est-*il* ceci? — Que fait-*il?* »

Je dis cela, et beaucoup d'autres choses sur
les conditions physiques, intellectuelles et
sociales faites à l'homme par la cécité.

Étant arrivé à destination, mon compagnon
de route descendit.

Nous l'aidâmes à transborder ses paquets, et, avant de fermer la portière, il tint sans doute à me montrer qu'il avait compris, car il me dit, non sans malice : « Merci. Maintenant lorsque je rencontrerai un aveugle, je ne dirai plus : *il.* »

Je retournai dans mon coin, mais sans reprendre ma correspondance... Je pensai qu'il y avait certainement une immense quantité de gens intelligents et instruits, dans la situation de mon industriel. Ils ignorent qu'il se trouve 32 000 aveugles en France, 200 000 en Europe, près de 2 millions sur le globe; que depuis un siècle, grâce à Valentin Haüy, dont on connaît peu le nom, et pas du tout la vie et l'œuvre, un grand nombre de ces aveugles peuvent devenir, par les écoles spéciales, des hommes *actifs* et *utiles*. Bien des gens, me semblait-il, seraient aises qu'un ancien élève de ces écoles, sans cesse en relations avec des centaines d'aveugles, leur dît avec beaucoup de sincérité qui sont les aveugles que l'on instruit, comment on les instruit, et pourquoi on les instruit.

Telle fut l'idée de ce livre.

M. S.

PREMIÈRE PARTIE

PSYCHOLOGIE DE L'AVEUGLE

CHAPITRE PREMIER

LE PHYSIQUE

Quand on veut connaître un homme, il faut le prendre et le surprendre un peu partout : dans sa chambre, au repos comme au travail, à déjeuner aussi bien qu'à souper; dans la maison et dans la rue. Il faut causer avec lui, non quand il a sa redingote et ses gants, dans une visite officielle, mais en pantoufles et en robe de chambre, au coin d'un feu bien intime que l'on tisonne en devisant. Il faut le voir seul et en représentation; l'observer, ajustant sa cravate, brossant son chapeau, et faisant ou recevant une visite. Ce n'est pas tout; l'extérieur de la maison humaine étant reconnu, il faut essayer de pénétrer au dedans, pour savoir ce qui s'y passe. Comment notre homme raisonne-t-il sur telle ou telle question? A-t-il l'es-

prit géométrique? Comprend-il la poésie, la
métaphysique?...

Si on peut le trouver un livre à la main, il
faut voir doucement, par-dessus son épaule, ce
qu'il lit, et surtout *ce qu'il relit ;* le titre du chapitre savouré ; celui après lequel il s'arrête un instant pour penser, ou plutôt pour rêver..... Enfin,
après qu'on a vu les attitudes et aptitudes physiques et intellectuelles d'un individu, il faut
pénétrer jusqu'au moral ; savoir ce qui est
aimé, ce qui est haï ; peut-être même ce qui
est indifférent. Il faut tâter la trempe du caractère, en voyant l'homme aux prises avec les
heurs et malheurs de la vie.

Nous allons donc, pour étudier les facultés
physiques, intellectuelles et morales des aveugles, les observer partout, les regarder de la
fenêtre lorsqu'ils passent dans la rue, y descendre avec eux, les suivre pas à pas, *les filer*,
entrer où ils entrent, et essayer de pénétrer
jusque dans l'inviolable domicile, sans qu'ils
s'en doutent.

La chose n'est pas aisée : l'ouïe se développe
dans l'obscurité, l'attention se localise sur les
impressions auditives. Il y a, on le sait, une
grande différence entre entendre et écouter, voir
et regarder : le sourd regarde, l'entendant voit ;

le clairvoyant entend, l'aveugle écoute; de là
une grande délicatesse d'organe, une grande
puissance d'analyse des sons, et une aptitude
singulière pour faire dans le domaine de ce qui
s'entend des distinctions subtiles. Le toucher,
l'odorat, se développent, s'affinent aussi; les
impressions qu'ils fournissent sont analysées,
enregistrées. Les trois sens : ouïe, toucher,
odorat, plus souvent et plus complètement
interrogés par l'aveugle que par le clairvoyant,
le mettent en relation avec le monde extérieur.
Placé dans le silence absolu, tout le corps
engourdi par le froid, éloigné en outre de toute
émanation odorante, l'aveugle éprouverait la
pénible sensation du vide; mais lorsqu'il se
trouve dans un milieu normal, où la vie se
manifeste avec ses bruits, ses modifications
tangibles, ses odeurs très variées, très significa-
tives, il suit tout ce qui se passe autour
de lui; il y prend part, il y prend intérêt. Sans
voir, on peut faire une foule de distinctions
entre les rues d'une ville, d'un village, les chemins en pleine campagne. Ce serait une erreur
de croire que, pour l'aveugle, toutes les rues,
tous les chemins sont semblables; il en est beaucoup qui ont pour lui un aspect bien tranché,
et, sans le demander, souvent il sait où il se

trouve. La dimension de la chaussée, la nature
du sol, le nombre et le genre des véhicules que
l'on rencontre, les rues qui coupent les trottoirs,
les plaques d'égouts qui les émaillent, les magasins riverains; tout est utilisé comme point de
repère.

Le toucher n'est pas localisé dans la main; il
est répandu sur tout le corps [1]. Même à travers
le soulier, le pied distingue le genre de sol qu'il

---

1. « Nous ne sommes pas également maîtres de tous nos
sens. Il y en a un, savoir le toucher, dont l'action n'est
jamais suspendue durant la veille; il a été répandu sur la
surface entière de notre corps, comme une garde conti-
nuelle, pour nous avertir de tout ce qui peut l'offenser. C'est
aussi celui dont, bon gré mal gré, nous acquérons le plus
tôt l'expérience pour cet exercice continuel, et auquel, par
conséquent, nous avons besoin de donner une culture particulière. Cependant, nous observons que les aveugles ont
le tact plus sûr et plus fin que nous, parce que, n'étant pas
guidés par la vue, ils sont forcés d'apprendre à tirer uniquement du premier sens les jugements que nous fournit
l'autre.

« Pourquoi donc ne nous exerce-t-on pas à marcher comme
eux dans l'obscurité; à connaître les corps que nous pou-
vons atteindre, à juger des objets qui nous environnent; à
faire, en un mot, de nuit et sans lumière, tout ce qu'ils font
de jour et sans yeux? Tant que le soleil luit, nous avons
sur eux l'avantage; dans les ténèbres, ils sont nos guides à
leur tour. Nous sommes aveugles la moitié de la vie, avec
la différence que les vrais aveugles savent toujours se conduire, et que nous n'osons faire un pas au cœur de la
nuit. On a de la lumière, me dira-t-on. Eh! quoi! Toujours
des machines! Qui vous répond qu'elles vous serviront partout au besoin? Pour moi, j'aime mieux qu'Émile ait des
yeux au bout de ses doigts, que dans la boutique d'un chan-
delier. » JEAN-JACQUES ROUSSEAU, Emile.

foule. Bouchez les oreilles à un aveugle attentif, et il saura très bien s'il marche sur du pavé plat, ou pointu (italien, languedocien ou parisien); sur le grès ou le bois, sur du macadam, de l'asphalte; s'il passe sur une plaque d'égout; s'il est sur un sentier battu, dans une terre labourée, sur un pré ou sur un chaume.

Les odeurs aussi sont bien différentes et bien caractéristiques : la viande fraîche, la pommade, le tabac mouillé, le cuir frais, le poisson, le foin, les plantes pharmaceutiques, les coulis aux truffes, le papier nouvellement imprimé, les fleurs, que sais-je encore! ont des parfums très divers qui permettent de savoir, sans l'ombre d'un doute, si l'on passe devant un boucher, un coiffeur, un marchand de tabac ou de souliers; si on longe les grandes Halles ou une caserne de cavalerie; si le soupirail qui vous envoie ses bouffées en pleine figure aère la cave d'un pharmacien ou la savante officine d'un Chevet; si vous êtes en face de la vendeuse de journaux, chantée par Coppée, ou de la bouquetière du coin. Ces remarques d'ailleurs n'échappent pas toujours aux clairvoyants. M. Octave Feuillet, dont l'analyse est souvent si pénétrante, écrivait naguère une page d'impressions olfactives bien caractéristiques, lorsqu'il nous

montrait un de ses héros obsédé par le souvenir
de Paris : « Il croyait respirer les odeurs spéciales du boulevard, le soir, le mélange de gaz,
de tabac, de cuisine souterraine, et les bouffées
parfumées sortant par intervalles des boutiques
de fleurs; il respirait l'atmosphère particulière
des salons, des cercles, des intérieurs de cou-
lisses, des loges d'actrices, les effluves des escaliers et des vestibules des théâtres à la sortie des
spectacles, les fortes senteurs des fourrures
précieuses, des pelisses brochées d'or et des
épaules nues [1]. »

A tous les renseignements que donnent le
toucher et l'odorat, se joignent ceux apportés
par l'ouïe : une rue est plus ou moins pas-
sante, coupée par un boulevard, une rue ou une
avenue, bruyante ou silencieuse. On est sur une
ligne de tramways, d'omnibus, de voitures de
maîtres ou de fiacres. (Eux aussi ont leur par-
cours de prédilection.) En effet, les attelages se
suivent sans plus se ressembler pour l'oreille
que pour l'œil. Le trot ou le roulement d'un
tramway n'est pas celui d'un omnibus, qui n'est
pas celui du landau ou du coupé de maître,
lequel diffère essentiellement du fiacre; le trot-

---

1. Octave Feuillet, *La Morte*, p. 161.

tinement flegmatique et traditionnel de la rosse
prise à l'heure est reconnaissable pour l'oreille
la moins exercée aux choses du sport..... Il y a
encore beaucoup de sons, de bruits caractéristiques : ici c'est la cloche d'un couvent, là,
l'horloge d'une église, d'un hôpital; ailleurs,
un menuisier, un tailleur de pierres, une
maison en construction. Tout est remarqué,
associé et mis à profit. Tout cela est pour la
ville ou le village; mais en pleine campagne, la
nature prend soin de donner à l'aveugle bien
des indications, bien des jouissances qui sont
autant de jalons pour sa route. Ici, c'est un
mouvement de terrain, une ornière, un passage
rocailleux ou sablonneux; une clairière tapissée
de gazon, de mousse, d'aiguilles de pin; là, c'est
un bois résineux, un pré, une meule de foin,
une touffe de genêts ou de fleurs sauvages; ailleurs, ce sera les chuchotements d'un ruisseau,
le bruit des arbres ou des arbustes. Le lilas et
le chêne ne disent pas la même chose lorsque
le vent passe [1]; ils ne frissonnent pas de la

---

1. Il entendait frémir dans la forêt qu'il aime
   Ce doux vent qui, faisant tout vibrer en nous-même.
            Y réveille l'amour;
   Et remuant le chêne ou balançant la rose,
   Semble l'âme de tout qui va sur chaque chose
            Se poser tour à tour.
            VICTOR HUGO, *Tristesse d'Olympio.*

même manière en mai et en octobre. Autres
sont les oiseaux qu'on entend, lorsqu'on est
assis au pied d'un vieil orme, au milieu d'un
grand bois, ou sur la berge de la rivière qui
traverse la prairie. Le bavardage des coqs et
des poules nous annonce l'approche d'une
ferme.

La nature est donc peuplée, vivante, variée,
pour l'aveugle. Sans doute (et c'est presque naïf
de le dire), il lui manque beaucoup de jouissances, d'indications que le clairvoyant possède,
mais il lui en reste de très pénétrantes, de très
précises que ce dernier soupçonne à peine,
occupé qu'il est par les impressions vives, mais
distrayantes que donne la vue.

Il est aisé de comprendre qu'avec ces ressources physiques, les aveugles ne soient pas
forcément des meubles encombrants, des êtres
ennuyeux et ennuyés, incapables de se mouvoir
seuls, et ne pouvant être déplacés qu'avec mille
précautions et au prix de mille fatigues. Ils vont
et viennent dans la maison, montent et descen-
dent les escaliers, entrent et sortent; ils ont physiquement une vie active, une vie personnelle.
Dehors, sur le chemin rural, comme dans une
rue munie de réverbères, à la ville aussi bien
qu'au village, ils peuvent savoir où ils sont,

guider leur guide (la plupart du temps, un enfant), qui n'est qu'un outil très utile, mais purement mécanique. Ce sont des yeux mis au ser-
vice de l'intelligence de l'aveugle. Parfois, le
soir, lorsque l'aveugle adroit connaît bien le
quartier où il circule et que ce n'est point les
Champs-Élysées, ou le faubourg Montmartre,
il quitte son guide comme on quitte un lourd
manteau, lorsqu'après quelques pas on s'aperçoit qu'on étouffe. La hâte et le soulagement
sont pareils. Dans le voisinage des établissements consacrés aux aveugles, il n'est pas
rare de rencontrer un de ces émancipés allant,
venant, se promenant sans guide, ni bâton.....
Sur un calme boulevard (par exemple, celui
des Invalides, à Paris), observez cet aveugle
qui file rapidement le long du trottoir : il traverse plusieurs rues, passe devant dix, devant
vingt portes cochères sans ralentir son allure,
évite, en prenant l'allée sablée, ici des passants
qui le croisent précipitamment, là des enfants
qui jouent sur le trottoir ou un bourgeois
peu pressé qui fait à pas lents et majestueux sa
promenade de santé. Enfin il arrive à une porte
devant laquelle il s'arrête sans hésiter, saisit
vivement le bouton de la sonnette; on tire le
cordon, il entre.

Voulez-vous le suivre plus loin; vous le verrez traverser un vestibule, pousser une porte vitrée, monter lestement l'escalier, et sonner au deuxième... tout simplement à la Direction des journaux des aveugles, et, à chaque instant, le jour comme le soir, j'ai ainsi la visite d'aveugles qui viennent causer avec moi, chercher ou apporter des renseignements, lire des épreuves, des manuscrits, qui font leurs affaires et celles de nos œuvres avec une parfaite indépendance de corps et d'esprit. Voilà des faits qui sembleront peut-être étranges, merveilleux; ils sont accomplis cependant comme la chose la plus banale [1].

Décomposons, si vous le voulez bien, cette série d'actes. Notre aveugle a, plusieurs fois déjà, passé sur le boulevard des Invalides; il le

---

[1]. Les aveugles font des choses bien autrement curieuses, au point de vue de l'adresse. L'Américain Campbell, par exemple, directeur d'un grand collège d'aveugles et qui est complètement privé de la vue, a traversé des espaces considérables dans les États-Unis, à cheval et sans guide. Il a fait avec son fils, il y a peu d'années, l'ascension du mont Blanc. On pourrait citer encore M. Fawcett, l'éminent ministre des postes du cabinet gladstonien, mort en 1884 dans l'exercice de ses fonctions, et qui était aveugle depuis l'âge de vingt-cinq ans. Pour se délasser de ses travaux et de ses luttes au Parlement, il patinait des heures entières en hiver, et souvent seul. En été, il pêchait fréquemment, ou se promenait à cheval, parfois au galop, ce qui faillit d'ailleurs lui causer plus d'un accident. (Voir *Life of Henry Fawcett*, par Leslie Stephen, Londres; 1886.)

sait peu fréquenté, surtout le soir et le matin;
il connaît la topographie des lieux, le nombre
et la qualité (paisible ou encombrée) des rues
qui le traversent ou y débouchent; il peut
s'aventurer sans aventure, se hasarder sans
hasard; il ne s'égarera pas. Il part donc et
marche droit devant lui, tant qu'il n'entend
rien; mais voici quelqu'un qui arrive en sens
contraire sur le même trottoir, alors l'aveugle
se tient un peu plus à droite, et le croisement
s'opère sans ralentissement et sans collision.
Plus loin, ce sont des enfants qui obstruent le
trottoir ou l'allée; les enfants sont faciles à
reconnaître; leur babil, leurs pas irréguliers les
trahissent. Or l'aveugle, sachant qu'avec cette
gent il est difficile de compter sur quelque
chose de fixe, juge prudent de quitter le trottoir
pour l'allée, ou l'allée pour le trottoir, et après
avoir dépassé le jeune groupe, il reprend celui
des deux chemins qui lui convient le mieux.
Vous n'avez peut-être jamais remarqué que
certains trottoirs, au moment d'être coupés par
une voie, s'abaissent progressivement. C'est
visible à l'œil, mais peut-être peu sensible au
pied du clairvoyant; celui de l'aveugle ne s'y
trompe pas, et cette déclivité du sol lui indique
le point précis où il faut traverser la rue, comme

le *bombement* bien accusé de la chaussée indique
le commencement du nouveau trottoir qui prend
en face. Pour traverser la voie qu'il longe ou la
rue qui interrompt son chemin, l'aveugle attend
qu'il n'y ait pas de voiture à l'horizon : moments
psychologiques faciles à connaître et assez fréquents. En approchant d'un mur, d'une charrette arrêtée ou simplement d'un arbre, il
éprouve une sensation à la fois auditive et tactile. Les pas résonnent différemment lorsqu'on
est près d'une masse quelconque, puis l'air
plus comprimé agit sur la peau du visage. Cette
dernière sensation est subtile, sans doute, mais
elle existe si bien, qu'avec un chapeau descendu
très bas sur la figure, on est moins à l'aise que
nu-tête, pour se conduire sans voir.

Non seulement l'aveugle n'est aucunement
gêné par le plus opaque brouillard (ce qui va
sans dire), mais, chose plus curieuse, il s'y
trouve mieux à l'aise que dans le plein jour. Les
voitures roulent moins vite ; les passants hési-
tants marchent avec plus de circonspection,
toutes circonstances dont l'aveugle profite, en
ce qu'il est moins exposé à se heurter. Vienne
un beau soleil, au contraire, mais en même
temps un grand vent qui étouffe les sons dont
l'aveugle se sert pour se guider, et le voici tout

décontenancé. En sorte que pour l'homme qui
remplace la vue par l'ouïe, l'obscurité n'est pas
dans le manque de lumière, mais dans le manque ou dans la confusion des sons.

Si vous observez un aveugle sans guide dans
la rue au moment où un régiment passe, tambour battant, vous le verrez ralentir et marcher
avec précaution, car, surtout si la voie est peu
large et enfermée par de hautes maisons, il
n'entendra plus rien, et sera exposé à se heurter,
et à faire une maladresse. Plusieurs grosses
cloches sonnant ensemble, une charrette chargée de ferrailles, une prolonge d'artillerie, roulant sur le pavé, sont aussi de redoutables ren-
contres. Le pavage ou l'affaissement du trottoir, à l'entrée des portes cochères, les plaques
d'égout, l'interruption et la reprise des bandes
d'asphalte sur les allées de boulevard, et bien
d'autres petites remarques, fixent exactement
l'aveugle sur le lieu où il est; il passe devant
cinq, dix, quinze maisons et s'arrête juste à
celle où il a affaire.

Faut-il expliquer comment l'aveugle entre,
monte l'escalier, tire la sonnette? Il fait cela
comme tout le monde et avec les manies de
détail que chacun y apporte inconsciemment
suivant les circonstances, les dispositions d'es-

prit. L'allure est différente lorsqu'on va solli-
citer un créancier, un haut personnage, con-
sulter, la mort dans l'âme, un spécialiste fameux
qui doit prononcer un arrêt peut-être fatal, ou
quand, au printemps d'un amour, on va faire
une visite longtemps désirée. Le somptueux
premier étage des puissants du monde, réel,
brutal, semble plus haut et plus fatigant que le
raide escalier qui conduit au quatrième où l'on
aime, et où l'on espère être attendu. L'aveugle
éprouve tous ces sentiments et les trahit dans
sa démarche; sa main, comme celle du clairvoyant, tremblera quelque peu en tirant le cordon de sonnette — quand il y a encore une
sonnette, car le progrès, grand et prosaï-
que niveleur avant tout, tend à substituer le
timbre rigide, uniforme, à la bonne vieille
sonnette que deux personnes n'agitent pas de
la même manière, et qui, pour une oreille exercée (celle de l'aveugle, par exemple), était un
excellent avertisseur du genre de visite qu'on
allait recevoir.

Dans la maison, au jardin, c'est naturel,
l'aveugle est encore plus indépendant, encore
plus à l'aise que dans la rue. Il monte, il des-
cend, il va, il vient comme une personne ordinaire sans le moindre guide; il s'habille, se

déshabille, mange et boit comme tout le monde,
et avec le même appétit que qui que ce soit [1].
S'il est adroit, il peut même s'occuper aux soins
du ménage et non sans succès. Voulez-vous
vous en convaincre? Allez aux Quinze-Vingts.
Parmi les trois cents aveugles qui habitent le
vaste enclos de ce doyen des établissements de
bienfaisance, il est un certain nombre de vieilles
filles qui, après trente ans de labeur, prennent
là leur retraite. Le concierge vous indiquera
leur numéro. Frappez à la porte, vous trou-
verez un intérieur modeste, mais propret, avec
quelque coquetterie. Des fleurs sur la fenêtre;
des rideaux, un dessus de lit, des voiles de fauteuils au tricot ou au crochet, des carreaux bien
cirés, pas un grain de poussière sur la com-
mode, tout est en ordre. Si vous avez la bonne
chance d'arriver à l'heure du repas, un jour où
la propriétaire reçoit une ou deux de ses an-
ciennes compagnes, vous verrez servir très
proprement sur une nappe très blanche : œufs

---

1. Il n'est pas superflu de donner ces détails, en apparence
bien puérils; beaucoup de personnes et même de personnes
intelligentes se refusent à croire lorsqu'elles ne l'ont pas
vu, et sont suffoquées d'admiration lorsqu'elles ont constaté
par elles-mêmes, qu'un aveugle peut monter et descendre
un escalier tout seul sans se rompre le cou, se diriger dans
une maison, un jardin où il vient quelquefois, s'habiller,
manger seul, etc., etc.

au plat, rouelle de veau dans son jus, pommes
de terre sautées, crème à la vanille, d'aspect,
de fumet et de goût excellents, le tout préparé
devant ses convives aveugles et clairvoyantes,
par l'hôtesse aveugle qui est elle-même sa cuisinière, sa femme de chambre et son frotteur.
J'ajouterai que détails et menu ne sont pas de
fantaisie : ils m'ont été fournis par les convives.

L'adresse assurément n'est point donnée à
tous les aveugles : parmi eux, comme parmi
les clairvoyants, il en est beaucoup qui seraient
fort empêchés de tirer une aiguille, pousser un
balai et griller la moindre côtelette.

Il faut se garder de généraliser en bien comme
en mal : si l'on connaît un aveugle adroit, ne pas
croire que tous sont tels, mais surtout ne pas
conclure à la maladresse, à la gaucherie, comme
conséquence inévitable de la cécité, parce
qu'on rencontre un aveugle lourd, gauche,
embarrassant et embarrassé.

Quoique les défauts soient plus vite généra-
lisés et exagérés que les qualités, il arrive souvent qu'émerveillé de ce qui peut être fait par le
toucher, on demande si les aveugles distinguent
les couleurs. Non. La couleur n'est ni tangible
ni perceptible par l'ouïe, l'odorat ou le goût.

Pourtant, dans certains cas, la coloration a une
odeur, une saveur qui avertissent l'aveugle de
sa présence. Plus souvent, il arrive que deux
objets qui, à première vue, ne paraissent dif-
férer que par la couleur, ont néanmoins une
différence de tissu, de forme, de dimension,
de poids. Voici deux chaises semblables, recou-
vertes toutes deux de soie, de perse ou de
velours, peu importe, mais l'une en rouge,
l'autre en vert; l'une est aussi un peu plus
lourde que l'autre. Quand un clairvoyant voudra désigner ces chaises, il dira : la rouge, la
verte. Il n'aura même pas remarqué que la
verte pèse trois ou quatre cents grammes de
moins que la rouge; qu'elle a une petite différence de moulure, ou que le velours en est
plus râpé; qu'un clou manque à la garniture.
L'aveugle, lui, saisit immédiatement cette différence; il la retient; mais il retient aussi (s'il
l'a entendu dire) qu'une chaise est rouge,
l'autre verte; il rapproche dans sa mémoire la
distinction tangible de la distinction visible,
et si, dans un instant, vous le priez d'approcher la chaise rouge ou la chaise verte, il
n'hésitera pas pour choisir le siège demandé,
il dira aussi, comme vous : « Je me suis assis
sur la chaise rouge », parce qu'il sait que, vi-

vant avec des clairvoyants, il doit parler leur
langue, et que, pour tout le monde, ces chaises
se nomment rouge, verte; non pas lourde,
légère, neuve, usée.

Ce sont des remarques analogues qui servent
aux aveugles pour distinguer une foule de
choses. La personne qui a tous ses sens est
absorbée par ce qu'elle voit; la plupart du
temps, toute son attention se concentre sur la
manifestation visible des corps; elle ne pousse
pas plus loin ses investigations. Satisfait du
renseignement fourni par les yeux, on ne
s'aperçoit pas qu'à telle ou telle manifestation
visible se joint ordinairement une manifestation, légère peut-être, mais très sensible encore
pour le tact, l'ouïe, l'odorat, le goût.

« Entre les hommes, dit Pascal, la diversité
est si ample que tous les tons de voix, tous les
« marchers, toussers, mouchers, éternuers,
« sont différents. » C'est très vrai, et tandis que
les clairvoyants, absorbés qu'ils sont par ce qui
se voit : taille, cheveux, barbe, expression des
yeux, physionomie, entendent à peine ces
nuances de ton et de pas, les aveugles les écou-
tent soigneusement, pour en tirer profit [1].

1. « Qui de nous, les yeux bandés, pourrait se flatter de
reconnaître la taille des personnes qui l'entourent, d'après

Un aveugle reconnaîtra à peu près quel est
le genre des personnes qui le croisent. L'ouvrier
qui va au chantier, en fumant une pipe où brûle
un âcre tabac, n'a ni la chaussure ni la démarche du sous-chef qui savoure un journal d'op-
position et un cigare de quinze centimes en se
rendant à son ministère. La femme élégante (à
pied par hasard) ne marche pas comme celle qui
est pesamment chargée ; l'ouvrière pimpante,
qui se rend à sa journée, a un autre pas que la
religieuse qui va pieusement à l'église ou au
chevet d'un malade. La gaucherie, l'élégance
de la démarche, du maintien, se manifestent,
le croira-t-on, à l'oreille, par un ensemble de
bruits, de sons, de frôlements, que sais-je ! plus
faciles à entendre et à apprécier qu'à définir ; ce

la direction de leur voix ? C'est pourtant ce que font tous
les jours les aveugles ; et, ce qui est bien plus surprenant,
ils devinent, sans autre indice, l'âge d'une personne : nous
avons été vingt fois témoin de cette expérience. Il est cons-
tant que la voix subit une altération chaque année ; mais
nos organes ne sont pas assez subtils pour compter les an-
neaux de cette chaîne : nous n'en apercevons que les
extrémités. Nous distinguons facilement les vagissements
de l'enfance, les mâles accents de l'âge mûr, la voix che-
vrotante du vieillard ; mais les intermédiaires nous échappent. — Le temps, dans sa marche lente, mais continue,
marque cependant les traces de son passage dans notre
voix comme sur nos traits : ce sont ces traces, insensibles
pour nous, que découvre l'oreille exercée de l'aveugle. » —
DOCTEUR HOWE, De l'Éducation des aveugles (North american
Review, 1833).

qui est certain, c'est que l'aveugle apprécie très
bien le plus ou moins de souplesse, de grâce
qu'une personne a en marchant et en se mou-
vant.

Mais tout cela ne révèle que l'extérieur, que
la surface de l'homme; le ton trahit l'homme
même et le montre souvent à vif. Tant que
vous restez absolument muet et immobile
devant un aveugle, il lui est impossible de
savoir, de soupçonner qui vous êtes et quelles
sont vos intentions; seulement cette situation
ne peut se prolonger : vous remuez, vous tous-
sez, vous éternuez.... C'en est assez pour qu'il
sache que quelqu'un est là, souvent même *qui
est là;* vous parlez, oh! vous êtes perdu. Une
personne se reconnaît à la voix, presque aussi
bien qu'au visage, et la voix change moins.
Après une longue séparation, on peut avoir
un doute; quelques instants suffisent ordinairement pour le dissiper. Il est certaines pro-
nonciations, certaines manières d'articuler, de
scander, certains sons de voix qui ne s'oublient
pas, et, s'ils ont remué l'âme de l'aveugle à
l'heure qui modifie la vie, le souvenir, âpre
ou parfumé, se grave dans le cœur plus encore que dans la mémoire de celui qui n'a
pas vu le regard, mais qui a entendu, compris

le soupir, et à l'autre bout du monde, après vingt ans de séparation, peut-être d'indifférence, ce souvenir lui fera nommer une personne au premier mot, au premier souffle.

On a l'habitude de se composer une physionomie, mais on n'a pas celle de se composer une voix; c'est au profit des aveugles. On pense à se faire un visage de circonstance; on oublie de préparer son ton, d'ailleurs la chose est malaisée. Il est bien difficile de soutenir une discussion, une simple conversation, sans que la voix trahisse quelque peu les émotions de l'âme : la colère, la douleur, la satisfaction, le dédain. Une inflexion faite à faux dénonce la contrainte, et un léger tremblement, un accent un peu ironique font sentir sous quelle impression l'âme vibre au moment où on l'observe.

Je m'arrête; je suis effrayé d'avoir parlé si longuement des facultés physiques des aveugles, gens qui, en somme, sont si rapprochés, et que chacun peut observer à l'aise. Mais il y a des gens qui sont près de nous, que nous coudoyons chaque jour et que nous ne connaissons pas.

Le Parisien connaît-il cette race d'hommes qu'on appelle les chiffonniers de Levallois ou de la Maison-Blanche? Ils l'entourent cependant,

ils l'enveloppent; ils sont tous les matins devant
sa porte. C'est avec les rognures, les restes
de la vie de celui-ci, que celui-là peut végéter.
Ce qui est commencé par l'un est achevé par
l'autre, et alors qu'une chose est épuisée pour
le premier, elle est encore pleine de promesses
pour le second; ils ne se connaissent pas, ils ne
se connaîtront jamais : on n'a pas le temps.....

Il arrive parfois qu'en prenant une feuille de
papier on se demande bien inutilement, mais
avec beaucoup de charme intime, à quoi pen-
sait celui qui l'a fabriquée; à quelle heure triste .
ou gaie de son existence il a pétri cette pâte, et
quelle heure aura sonné pour celui qui recueil-
lera cette pauvre feuille, lorsque, devenue inutile, nous la déchirerons, ou quand la personne
à qui nous la destinons parfois avec amour en
sera lasse et la jettera avec tant d'autres choses
flétries..... Singulière vanité de ce qui nous
approche, mais a-t-on le temps de penser à tout
cela?..... Non, assurément. On se hâte, on va,
on vient, on oublie de vivre. On néglige de
connaître la chose qui, peut-être, est la plus
intéressante dans la vie : l'Homme. On ne se
connaît pas soi-même. Il n'y a donc rien de
bien étonnant à ce que l'aveugle ne soit pas
connu.

CHAPITRE II

L'INTELLECT

La cécité en soi n'altère pas les facultés intellectuelles. Ce paléographe a tant déchiffré de parchemins jaunis par les siècles, tant prolongé ses savantes veilles, que sa vue s'est éteinte : par ce fait même son intelligence ne s'amoindrit pas. Ce joyeux gamin, qui, dans l'ardeur du jeu, s'est précipité sur les ciseaux de sa mère, ou bien a reçu dans les yeux quelques grains d'une poussière corrosive, n'éprouve pas davantage une déviation de ses facultés intellectuelles. Non, l'enfant frappé au plus fort de sa joie, le bénédictin un instant terrassé sur sa table de travail, se relèvent bientôt et, s'ils avaient vraiment le feu sacré, reprennent avec d'autres moyens, mais presque

toujours avec même ardeur et même lucidité,
l'un ses travaux, l'autre ses jeux.

En définitive, qu'est-ce qui leur manque, à
tous les deux, à l'enfant comme à l'homme? Un
outil, voilà tout [1].

---

1. Il y a, dans les *Recherches sur l'entendement humain* de
Reid, un chapitre intéressant, curieux et très favorable
aux aptitudes intellectuelles des aveugles, que je voudrais
pouvoir citer ici tout entier; il est trop long malheureusement, mais je ne puis résister au désir d'en extraire
quelques passages.

*La vue ne découvre presque rien que les aveugles ne puis-
sent comprendre. La raison de cela* (p. 142).

Tel est le titre de ce chapitre, qui à lui seul est un précieux
aveu. « On en sentira bientôt la raison, dit l'auteur, si l'on
prend la peine de distinguer l'apparence que les objets présentent à l'œil des choses désignées par cette apparence.
Je conçois qu'un homme né aveugle peut avoir une notion
très distincte, sinon de cette apparence même, au moins de
quelque chose qui lui est extrêmement semblable, » et plus
loin : « Quant aux choses que ces apparences suggèrent ou
que nous en inférons, quoiqu'il ne puisse pas les découvrir
de lui-même, il peut néanmoins les concevoir parfaitement
sur le rapport qu'on lui en fera; et toutes les choses de cette
espèce, dont la connaissance entre dans notre esprit par la
vue, peuvent entrer dans le sien par l'ouïe » (p. 145). Reid
dit alors que l'aveugle-né ne peut pas lui-même savoir que
la lumière existe, qu'il a au-dessus de sa tête des astres
sans nombre; mais il affirme qu'on peut lui faire comprendre tout cela. Le philosophe fait ensuite la supposition
(p. 145) que si, dans le monde, il était aussi rare de naître
clairvoyant que de naître aveugle, les clairvoyants semble-
raient des êtres extraordinaires, des prophètes inspirés pour
instruire les autres hommes qui pourraient parfaitement les
comprendre. « Nous savons que l'inspiration ne donne à
l'homme aucune nouvelle faculté; elle lui communique seulement d'une manière particulière et par des voies extraordinaires ce que les facultés communes au genre humain
peuvent comprendre et ce qu'il peut communiquer aux

C'est un puissant outil, j'en conviens, mais
est-ce un outil indispensable? Je prétends que
non, et il suffit de rappeler Milton, Saunderson,

autres par les moyens ordinaires. En admettant la supposition que nous avons faite, le don de la vue paraîtrait aux
hommes nés aveugles ce que le don de l'inspiration nous
paraît à nous-mêmes; car le petit nombre de ceux qui l'auraient reçu pourraient communiquer les connaissances qu'ils
lui devraient, à ceux qui n'en jouiraient pas. A la vérité, ils
ne pourraient leur donner une idée bien distincte de la
manière dont ils reçoivent eux-mêmes ces connaissances;
un petit corps sphérique, revêtu de son enveloppe, leur
paraîtrait un instrument aussi peu propre à donner une
science aussi étendue qu'un songe et qu'une vision. »
Relativement aux apparences, Reid nous dit : « Si nous
observons avec soin l'opération de notre esprit dans l'usage
qu'il fait de cette faculté, nous nous apercevons qu'il ne
tient presque aucun compte de l'apparence visible des
objets. Cette apparence ne fixe point du tout l'attention de
la pensée; elle n'est qu'un signe qui lui révèle autre chose,
et les choses qu'elle révèle, un aveugle-né peut aisément et
distinctement les concevoir » (p. 146).
Après avoir donné quelques exemples des apparences
que l'on néglige, Reid ajoute (p. 147) : « On pourrait citer
mille autres exemples qui démontreraient que les apparences visibles des objets ne nous ont été données par la
nature que comme des signes, et que l'esprit passe rapidement à la chose signifiée sans accorder la moindre attention au signe lui-même et sans remarquer même son
existence.
« C'est d'une manière à peu près semblable que nous négli-
geons entièrement les sons d'une langue, dès qu'ils nous
sont devenus familiers, et que notre attention se concentre
tout entière sur les choses qu'ils représentent. »
(P. 148.) « L'évêque de Cloyne a donc fait une observation
très juste et très importante, lorsqu'il a dit que l'apparence
visible était une espèce de langage dont se servait la nature
pour nous informer de la distance, de la grandeur et de la
figure des objets. »
Et dans le chapitre suivant, intitulé : *Des apparences visibles,*

Augustin Thierry, Fawcett, Georges V de Hano-
vre [1] et beaucoup d'autres, pour couper court à
toute contradiction.

Reid montre par de nombreux exemples qu'un homme qui
n'aurait pas fait l'éducation de sa vue et qui jugerait de
tout d'après les apparences, serait très loin de la vérité ;
car, dit-il (p. 153), « l'apparence visible d'un objet est extrêmement différente de la notion que l'expérience nous
apprend à nous former de cet objet par la vue ». Et l'homme
agissant ainsi prendrait les signes pour les choses signifiées :
(p. 154) « Ce langage lui étant inconnu, il ne l'entendrait
point du tout, et son attention se concentrerait sur les
signes, parce qu'il n'en connaîtrait point la signification.
Nous, au contraire, pour qui ce langage est parfaitement
familier, nous ne prenons plus garde aux signes, et toute
notre attention se concentre sur les choses qu'ils expri-
ment. On voit que la question étant ainsi posée, l'aveugle
n'est privé que de la perception des signes, mais que toutes
ces notions restent accessibles à son intelligence, puisqu'en
somme la vue est réduite à être un instrument de perception plutôt qu'un instrument d'entendement. » *Œuvres com-
plètes de Thomas Reid,* chef de l'école écossaise, publiées par
Th. Jouffroy, t. II. (Paris, A. Sautelet et Cie, 1828.)

On consultera avec intérêt, sur cette question, *l'Intelligence* de M. H. Taine, t. II, ch. II.

1. A propos de ce souverain aveugle, ne peut-on pas
citer aussi le prince de Monaco, Charles III, dont M. Stéphen Liégeard a excellemment dit : « Voilà certes une noble
figure, bien faite pour tenter la plume après le crayon. La
majesté de ce visage, où la souffrance ajouta sa pâleur mé-
lancolique, n'est que le reflet d'une âme toute pétrie de
rayons..... Quand la nuit se fit dans cette prunelle si prompte
à pénétrer les cœurs, l'esprit, s'éveillant comme à une nouvelle aurore, parut s'éclairer de tous les feux dont les yeux
restaient déshérités. Privé d'une compagne adorée, replié
sur lui-même, le prince n'aperçut plus qu'un but, mais
lumineux à travers les ténèbres : le bonheur de son peuple.
Dès lors, les réformes appellent les réformes, les largesses
succèdent aux libéralités..... »

Stéphen Liégeard, *la Côte d'azur* (La principauté de Monaco, p. 245).

Afin que les facultés demeurent intactes après comme avant la cécité, il faut, cela va sans dire, que la perte de la vue ne soit pas le résultat d'une affection cérébrale. La cause de la cécité et les conditions dans lesquelles elle s'est produite, tout est là ; à quelque âge que l'aveugle ait été frappé, sa situation intellectuelle en dépend.

Il est vrai, l'aveugle de naissance restera privé de certaines notions que les yeux seuls peuvent donner ; mais trop souvent on s'en exagère le nombre et l'importance. D'abord il y a relativement peu d'aveugles de naissance ; ensuite je ne crois pas téméraire de soutenir que, philosophiquement, le sens de la vue n'a point la prépondérance qu'on est tenté de lui accorder *à priori*. L'ouïe et le toucher fournissent plus de connaissances, surtout plus de connaissances précises, que la vue, qui trompe souvent et qui a constamment besoin d'être contrôlée par le toucher, *cette vue de près*. L'ouïe met l'homme en communication directe avec ses semblables, par conséquent avec le monde moral et intellectuel [1] ; le toucher, le goût,

---

1. Qu'on relise plutôt cette page de notre vieux Charron : « L'ouye est un sens spirituel, c'est l'entremetteur et l'agent de l'entendement, l'outil des sçavans et spirituels, capable

l'odorat et encore l'ouïe le mettent en relation
avec le monde physique; qu'est-ce donc qui lui
manque, et qu'est-ce que la vue ajoute aux connaissances intellectuelles? les notions de couleurs, de perspective, d'un certain beau physique, et c'est tout. A part cela, il n'est pas de

non-seulement des secrets et intérieurs des individus, à quoy
la veue n'arrive pas, mais encores des espèces, et de toutes
choses spirituelles et divines, ausquelles la veue sert plustôt
de destourbier * que d'ayde, dont il y a eu non-seulement
plusieurs aveugles grands et sçavans, mais d'autres encores
qui se sont privés de veue à escient, pour mieux philosopher, et nul jamais de sourd. C'est par où l'on entre en la
forteresse, et s'en rend-on maistre: l'on ploye l'esprit en bien
ou en mal, tesmoin la femme du roi Agamemnon qui fut
contenue au devoir de chasteté au son de la harpe **; et
David qui, par mesme moyen, chassoit le mauvais esprit
de Saül, et le remettoit en santé; et le joueur de fleutes
qui amollissoit et roidissoit la voix de ce grand orateur
Gracchus. Bref, la science, la vérité et la vertu n'ont point
d'autre entremise ni d'entrée en l'âme, que l'ouye: voyre
la chrestienté enseigne que la foy et le salut est par l'ouye,
et que la veue y nuict plus qu'elle n'y aide; que la foy est la
créance des choses qui ne se voyent, laquelle est acquise
par l'ouye: et elle appelle ses apprentifs et novices audi-
teurs, κατηχουμενους. « Encores adjousteroy-je ce mot, que
l'ouye apporte un grand secours aux ténèbres et aux en-
dormis, affin que par le son ils pourvoyent à leur conserva-
tion. Pour toutes ces raisons, les sages recommandent tant
l'ouye, la garder vierge et nette de toute corruption, pour le
salut du dedans comme pour la sûreté de la ville l'on faict
garde aux portes et murs, affin que l'ennemi n'y entre. »
(Nouvelle édition avec les variantes, des notes et la tra-
duction des citations *de la Sagesse*, trois livres par Pierre
Charron, parisien chanoine théologal et chantre en l'église
cathédrale de Condom. Page 50, livre 1, chap. xii: *Du voyr,
du ouyr et parler*).

* D'obstacle, d'empêchement, du latin *disturbare*.
** La musique produit aujourd'hui un effet tout contraire.

notions qu'un bon enseignement (c'est de rigueur) ne puisse donner à l'aveugle-né.

Si l'aveugle a vu jusqu'à huit ou neuf ans, et surtout si, enfant, son intelligence a été développée, il est absolument au niveau intellectuel des clairvoyants, puisqu'il possède les notions de couleurs [1], de perspective, etc., qui manqueront toujours à l'aveugle-né.

Il est peu convenable de se mettre soi-même en scène, mais cependant, lorsqu'on y est

---

[1]. A propos des couleurs, je citerai encore de Reid le passage suivant (p. 144) : « Pour ce qui regarde l'apparence des couleurs, un homme né aveugle doit y être plus embarrassé, parce qu'il n'a point de perception qui ressemble à celle-là. Cependant, par une sorte d'analogie, il peut en partie suppléer à ce défaut. Pour ceux qui voient, la couleur écarlate signifie une qualité inconnue dans les corps qui présente à l'œil une apparence qu'ils ont souvent observée. . . . . Mais il peut concevoir que l'œil est affecté par une couleur différente, comme le nez l'est par une odeur différente et l'oreille par des sons différents. Il peut donc concevoir que l'écarlate diffère du bleu, comme le son d'une trompette diffère de celui d'un tambour, ou comme l'odeur d'une orange diffère de celle d'une pomme. Il est impossible de savoir si l'écarlate offre à mon œil la même apparence qu'à celui d'un autre homme ; et si, par hasard, les apparences qu'elles présentent à différentes personnes étaient aussi dissemblables que la couleur l'est du son, aucune ne serait jamais en état de découvrir cette différence. Il suit de là évidemment qu'un aveugle de naissance peut parler assez pertinemment des couleurs, et répondre d'une manière assez satisfaisante à toutes les questions qu'on pourrait lui faire, touchant leur nature, leur composition, leurs nuances, leur éclat, pour faire oublier qu'il manque de l'organe qui donne aux autres toutes ces connaissances. »

amené, le plus simple est encore de monter
tout bonnement sur les tréteaux : c'est ce que
je fais.

J'ai perdu la vue à neuf ans, et j'affirme qu'aucune des notions dont je viens de parler ne
m'est étrangère. Il faut dire que, fils de peintre,
élevé dans un atelier de paysagiste, pendant
de longues heures j'avais assisté à la manipu-
lation des couleurs. Les mystères de la perspective ont été discutés cent fois devant moi ;
et même, placé sur une petite table, que je
vois encore dans un coin de l'atelier paternel,
au grand préjudice de mon papier, je m'étais
évertué à faire tourner des ombres. Dans le
premier cahier de Cassagne, il y a une certaine
meule connue sans doute de bien des gens,
qui ne voulait à aucun prix prendre sous mon
crayon la tournure que doit avoir une honnête
meule, dans quelque pays que ce soit. Dieu
me garde cependant de regretter les heures
passées là, car aujourd'hui, où il y a presque
vingt ans que j'ai cessé de voir, je prends un
véritable intérêt à entendre causer peinture,
perspective, valeur, rapport de tons, etc., etc.
Tous les ans j'ai soin de me faire expliquer les
portraits, tableaux de genre, paysages principaux, depuis les plus *impressionnistes* jusqu'aux

plus *poussinesques*, et je lis attentivement les
comptes rendus des diverses expositions. La
description d'un site pittoresque a de l'intérêt
pour moi; j'aime à savoir ce que l'on aperçoit
du lieu où je me trouve, l'aspect du pays où
je me promène, et ce n'est pas vaine curiosité;
c'est parce que je me représente ce que l'on me
dépeint. Il me semble alors que j'ai plus de
plénitude de vie intellectuelle, que je m'identifie
mieux avec les impressions des autres personnes. Je me représente toujours la forme, la
proportion, la couleur des choses dont on me
parle, les scènes qu'on décrit; et la poésie de
Victor Hugo me plaît singulièrement par la
coloration des images.

Cela prouve assez, il me semble, que ces
diverses notions peuvent ne pas être étrangères
à l'aveugle qui a perdu la vue à peine sorti de
l'enfance. En somme, l'ouïe est un sens plus
intellectuel que la vue, et je sens très bien que
maintenant je serais mille fois plus séparé du
monde pensant en perdant l'ouïe que jadis
je ne l'ai été en perdant la vue. *Jadis* est mis
avec intention, car aujourd'hui je prétends
bien avoir une *vie intellectuelle aussi intense*
que qui que ce soit.

Dois-je le dire (au risque de désappointer

quelques personnes toujours en quête de la
pierre philosophale), les esprits amoureux de
métaphysique ne sont guère plus abondants
chez les aveugles que chez les clairvoyants [1].
La médiocrité intellectuelle, cette médiocrité si
fade, si monotone, qui est le partage de l'immense majorité des humains, est aussi le lot
de la plupart des aveugles.

Tout ce qui s'adresse à l'imagination a un
singulier attrait pour eux; les récits historiques, les voyages et les œuvres purement lit-

[1]. Cependant il y a des aveugles amateurs de philosophie,
et on lira peut-être avec intérêt cette page du journal inédit
du philosophe Azaïs, écrite après une conversation avec des
professeurs de l'institution des Jeunes-Aveugles de Paris :
« 26 août 1842. — J'ai reçu aujourd'hui la visite de M. Dufour
et de deux autres professeurs aveugles. Nous avons causé
pendant plus de trois heures. J'étais vivement animé par la
profonde intelligence avec laquelle j'étais entendu ; c'est une
chose merveilleuse que d'être ainsi compris sur les sujets
les plus philosophiques par des hommes privés du sens de
la vue, par conséquent ne devant avoir que des idées au
moins très incomplètes de tous les effets que la lumière produit, effets qui se mêlent à tout dans l'univers; sans doute
la perfection du sens de l'ouïe et de celui du toucher développe et applique leur conception intellectuelle de manière à
lui faire acquérir des notions supplémentaires en harmonie
avec celles qu'elle reçoit directement. Ce qu'il y a de certain,
c'est qu'en leur exposant des raisonnements très forts sur
des sujets très étendus, on se surprend sans cesse oubliant
que l'on parle à des aveugles, tant on voit que l'on est parfaitement suivi jusque dans les plus petits détails de développement et de démonstration. Je n'ai jamais obtenu
d'hommes clairvoyants une satisfaction intellectuelle plus
prononcée, mieux motivée et plus franchement exprimée. »

téraires enthousiasment, je crois, beaucoup plus l'écolier aveugle que l'écolier clairvoyant. Dans nos écoles spéciales, les cours d'histoire, de géographie et de littérature sont suivis par les élèves un peu intelligents avec un entrain remarquable. Les aveugles ont une passion pour la lecture faite à haute voix [1], et je me souviens que nous aurions commis des bassesses auprès de nos maîtres d'étude qui, le jeudi et le dimanche, nous faisaient une heure de lecture réglementaire, pour obtenir d'eux qu'ils n'entendissent pas sonner l'horloge. Surtout lorsque nous lisions dans Thiers la campagne d'Italie ou celle de France, quand

---

1. Dans *Paris, ses organes, ses fonctions, sa vie*, M. Maxime du Camp avait déjà dit combien les aveugles aiment la lecture. Il est revenu sur cette question capitale au cours de son beau livre sur *la Charité privée à Paris*, à propos de l'Imprimerie des sœurs aveugles de Saint-Paul. Il a beaucoup insisté sur la nécessité de fournir aux aveugles une large part de lecture, et la parole si persuasive et si autorisée de l'éminent académicien n'a pas peu contribué à rendre possible la fondation de la *Bibliothèque Braille*. Cette bibliothèque prête, aux aveugles français et étrangers, des livres en relief imprimés et manuscrits. Des personnes intelligentes et zélées (surtout des femmes), dont le nombre s'accroît chaque jour, se sont familiarisées avec l'écriture des aveugles et transcrivent pour eux des livres de tout genre. En outre, on imprime à l'usage des aveugles un bulletin mensuel et une revue paraissant tous les dix jours, publications qui les mettent au courant de tout ce qui peut les intéresser. La Direction de ces revues, qui est aussi celle de la Bibliothèque, se trouve à Paris, 14, avenue de Villars.

nous étions au cœur de la *Jérusalem délivrée*,
de *Cinna* ou de *Britannicus*, on aurait entendu
voler une mouche, et sauf quelques imbéciles
qui dormaient paisiblement, tout le monde
était captivé.

Un maître d'étude qui lit bien, et qui aime
à lire, fait tout ce qu'il veut des écoliers aveugles; il a en son pouvoir un philtre puissant
dont rien ne saurait rompre le charme.

La poésie est une des idolâtries des aveugles; plus des deux tiers des livres qu'ils écri-
vent pour leur bibliothèque particulière sont
des recueils de vers. Je l'ai souvent remarqué,
les aveugles ont une passion pour la poésie :
heureux quand cette passion se borne à lire, à
copier et à apprendre par cœur les vers des
autres. Mais la calamité devient plus grande,
quand ils ne peuvent satisfaire pleinement cette
passion qu'en versifiant eux-mêmes.

Ce n'est pas que de parti pris je jette la
pierre à tous ceux qui font des vers; non certes,
il me faudrait lapider trop d'honnêtes gens.
Mais il me semble qu'il n'est permis d'écrire
en vers que quand on peut le faire excellemment; on voit que je ne pratique pas le même
exclusivisme à l'égard de la prose.

Je crois d'ailleurs que l'aveugle peut être

poète et grand poète. Cela a été déjà contesté;
on a dit : « Il est impossible que la poésie de
l'aveugle soit une vraie poésie, parce qu'il est
privé du spectale de la nature, l'un des plus
grands ressorts de l'imagination poétique. »
Mais ne lui reste-t-il pas intact tout le domaine
des sentiments moraux? c'est un champ vaste
et qui a du fond, il peut être creusé. Et puis
dans la nature, s'il y a la poésie de ce qui se
voit, n'y a-t-il pas aussi celle de ce qui se
touche, de ce qui se sent et de ce qui s'entend?
La poésie si pénétrante des sons et des odeurs [1],

---

1. C'est M. Brunetière qui disait, dans une de ses fines et
profondes études : « Si de tous nos sens l'odorat est le plus
grossier, c'est-à-dire celui qui nous rapproche le plus de
l'animal, peut-être est-il aussi le plus suggestif, parce que
c'est celui dont les impressions demeurent le plus étroite-
ment liées aux circonstances de leur cause :

> Lecteur, as-tu quelquefois respiré
> Avec ivresse et lente gourmandise
> Ce grain d'encens qui remplit une église,
> Ou d'un sachet le musc invétéré?
> Charme profond, magique, dont nous grise
> Dans le présent le passé restauré.
>
> BAUDELAIRE.

Voilà de mauvais vers, continue M. Brunetière, mais qui
disent toutefois quelque chose. Ni le son ni la vue ne sont
capables comme une odeur de ressusciter en nous le passé.
Convenons donc de bonne volonté que quelques-unes des
meilleures pièces des *Fleurs du mal*, uniquement composées,
si je puis ainsi dire, avec des odeurs, valent pour cela la
peine qu'on les lise ou qu'on les respire. Tels sont : *le Flacon,
la Chevelure, Correspondance, Parfum exotique :*

de ces impressions en quelque sorte magnéti-
ques que la nature nous donne à certains jours,
à certaines heures, que ce soit dans une forêt,
sur une montagne, au bord de la mer ou
d'un ruisseau? Impressions sous lesquelles
notre être se met à vibrer, sans pouvoir bien
expliquer pourquoi ni comment, mais qui,
l'étreignant de toutes parts, lui font entonner
en prose, en vers ou en musique un de ces
chants de joie, d'amour, d'action de grâces,
quelquefois de tristesse, qui ne sont et ne peuvent être que de la poésie et de la plus vraie.

Sans doute l'aveugle qui viendra nous pein-
dre un coucher de soleil, un paysage quelconque, sera ridicule s'il le fait en prose et abso-

> Guidé par ton odeur vers de charmants climats,
> Je vois un port rempli de voiles et de mâts,
> Encor tout fatigués de la vague marine;
> Pendant que le parfum des verts tamariniers,
> Qui circulent dans l'air et m'enflent la narine,
> Se mêle dans mon âme aux chants des mariniers.
>
> BAUDELAIRE.

Quel éveil de sensations ne produisent-ils pas aussi chez
l'aveugle, ces vers de la *Psyché* de Victor de Laprade :

> Le matin, rougissant dans sa fraîcheur première,
> Change les pleurs de l'aube en gouttes de lumière,
> Et la forêt joyeuse, *au bruit des flots chanteurs,*
> *Exhale, à son réveil, ses humides senteurs.*
> . . . .
> *Des rameaux par la brise agités doucement*
> *Le murmure et l'odeur s'épanchent sur sa couche.*

lument insupportable si c'est en vers qu'il écrit.
Mais qu'on relise ces strophes de Lamartine, et
l'on verra qu'il y a tout un côté de la nature
accessible à l'aveugle :

J'aimais les voix du soir dans les airs répandues,
Le bruit lointain des chars gémissant sous leur poids,
Et le sourd tintement des cloches suspendues
    Au cou des chevreaux dans les bois.

Ou ceux-ci :

Si tu pouvais jamais égaler, ô ma lyre,
Les doux frémissements des ailes du zéphire
    A travers les rameaux,
Ou l'onde qui murmure en caressant ses rives,
Ou le roucoulement des colombes plaintives
    Jouant au bord des eaux [1].

---

1. Il serait facile de multiplier les citations de ce genre ;
on n'a qu'à feuilleter les œuvres d'Hugo, de Lamartine, de
Laprade, *le Bonheur* de Sully Prud'homme, et l'on fera une
abondante moisson. Voici quelques vers de ce genre :

Entends ces mille voix d'amour accentuées,
Qui passent dans le vent, qui tombent des nuées,
Qui montent vaguement des seuils silencieux,
Que la rosée apporte avec ses chastes gouttes,
Que le chant des oiseaux te répète, et qui toutes
Te disent à la fois : Sois pure sous les cieux !
    VICTOR HUGO, *Regard jeté dans une mansarde.*
    (N° 22 du *Livre des Mères.*)

Ou encore ceux-ci :

Oh, dites-moi, ravins, frais ruisseaux, treille mûre,
Rameaux chargés de nids, grottes, forêts, buissons,
Est-ce que vous ferez pour d'autres vos murmures?

N'est-ce pas de la poésie, et de la plus pénétrante? Si assurément, ce filon a été peu ex-
ploité, il est d'or cependant, et nul ne saurait
le suivre mieux qu'un poète aveugle. Un aveugle pouvait écrire ces vers charmants; mais il
fallait qu'il fût un poète, un Lamartine. Mais
Lamartine n'avait nullement besoin de voir
pour sentir, pour comprendre et pour exprimer
ainsi la nature.

De la poésie à la musique, cette poésie des
sons, il n'y a qu'un pas. Parmi les aveugles,
ceux qui n'aiment pas la musique forment une
très faible exception. Leur oreille, toujours
attentive au moindre bruit, au moindre son,
quel qu'il soit, arrive à apprécier avec exacti-
tude le rapport des sons entre eux, quant à leur
degré d'acuité et quant à leur durée, c'est-à-dire
l'intonation et le rythme. Or tout est là pour
constituer des aptitudes musicales. Quand il
s'agit de composer ou d'exécuter soi-même, il y
a d'autres éléments requis dont nous parlerons
plus tard.

> Est-ce que vous direz à d'autres vos chansons?
> Nous vous comprenions tant! doux, attentifs, austères,
> Tous nos échos s'ouvraient si bien à votre voix!
> Et nous prêtions si bien, sans troubler vos mystères,
> L'oreille au mot profond que vous dites parfois.
>
> VICTOR HUGO, *Tristesse d'Olympio*.

On raconte que La Motte-Houdard (devenu aveugle) dit un jour à un jeune poète qui venait de lui lire une de ses tragédies : « Votre pièce est fort belle et j'ose vous répondre du succès. Une seule chose me fait de la peine, c'est que vous vous soyez rendu coupable de plagiat. — Comment, monsieur, de plagiat! — Oui, et pour vous prouver combien je suis sûr de ce que je vous dis, je vais moi-même vous réciter la seconde scène de votre quatrième acte que j'ai apprise autrefois par cœur. » La Motte récite cette scène sans y changer un seul mot. On se regarde, on ne sait que penser; l'auteur surtout reste déconcerté. Quand le poète *mémoratif* eut un peu joui de l'embarras du jeune auteur, il lui dit : « Remettez-vous, monsieur; la scène que je viens de réciter est de vous, sans doute, mais elle mérite d'être apprise et retenue de tous les amateurs, et c'est ce que j'ai fait en vous l'entendant lire. » C'est assurément un puissant effort de mémoire; La Motte devait-il le développement extraordinaire de cette faculté à la cécité? j'en doute fort. Il lui fallait une aptitude spéciale dans le genre de celle qui permettait à Pline l'Ancien de réciter plusieurs centaines de nombres n'ayant entre eux aucune liaison et qui ne lui avaient été lus qu'une ou deux fois [1]. Mais ce qui est certain, c'est que la nécessité faite aux aveugles de confier beaucoup de choses à leur mémoire est propre à développer cette faculté maîtresse pour eux.

Il me semble cependant que chez les écoliers aveugles de la génération actuelle il n'y a plus de ces prodiges de mémoire tels que ceux qui nous sont rapportés par la tradition. J'ai connu un vieux professeur aveugle qui avait dans sa tête plusieurs centaines de morceaux de musique de tout genre. Telle autre, c'était une femme, savait par cœur une foule de tragédies classiques et retenait à une simple lecture les passages les plus compliqués, les imbroglios les plus inextricables d'histoire politique ou diplomatique.

C'était à une époque où les aveugles écrivaient peu; dans leur enseignement, la méthode orale avait bien plus d'importance que la mé-

---

1. Il paraît que Villemain répétait un discours après l'avoir entendu. Mozart a écrit le *Miserere de la chapelle Sixtine* après deux auditions. Jacotot disait que toutes les mémoires sont les mêmes et que les différences ne viennent pas de la culture; cela semble étrange si l'on songe que dans l'école d'Earlswood un imbécile peut répéter exactement une page de n'importe quel livre lu bien des années auparavant et même sans le comprendre; un autre sujet peut répéter à rebours ce qu'il vient de lire comme s'il avait sous les yeux une copie photographique des impressions reçues. (*Revue des Deux Mondes,* n° du 15 mai 1885, 2e livraison, p. 359.)

thode écrite, et sans nul doute la privation de livres, l'obligation pour le maître de presque tout savoir par cœur, et celle pour l'élève de tout apprendre de la bouche du maître qui ne pouvait pas, comme un livre, être toujours dans le pupitre de l'écolier, obligeaient maîtres et élèves à des efforts de mémoire qu'ils ne font plus aujourd'hui. Malgré cela, l'aveugle est toujours obligé de se servir de sa mémoire plus que le clairvoyant, et il s'en acquitte ordinairement bien.

CHAPITRE III

LE MORAL

Le portrait moral de l'aveugle est difficile à esquisser avec vérité. La raison en est simple. Pas plus qu'une autre classe d'individus, groupés à cause d'une parité physique (myopie, presbytisme), ou extérieure à la personnalité (occupation, métier), l'aveugle n'est une abstraction, un être particulier coulé dans un moule *déposé*, qui donne une idée exacte de tous les exemplaires qui en ont été tirés.

Sans doute, il me serait aisé de dire : « Vous n'avez pas été sans lire ou sans entendre faire le portrait de l'aveugle : eh bien, ce portrait est mauvais; grattons-le, et je vais vous en brosser un parfaitement ressemblant. » Je serais cru, et cependant je manquerais d'honnêteté, car ma toile pourra être le portrait très

sincère d'un aveugle : elle ne sera jamais celui
de l'AVEUGLE........

Entrons dans une école spéciale, prenons-le
devant son pupitre (ce sanctuaire de l'écolier),
là où il est le plus lui, parce que, en quelque
sorte, il est chez lui; prenons ce blondin à la
physionomie bonne et ouverte; il est, vous
diront ses maîtres et ses camarades, doux,
franc, enjoué, sociable; son voisin de droite
dont la tignasse noire est aussi hérissée que
le règlement le tolère, et dont la physionomie est passablement renfrognée, se trouve,
au dire de tout le monde, depuis le portier
jusqu'au directeur de l'école, concentré, brus-
que et sauvage. Cela n'empêche pas le voisin
de gauche de notre premier écolier d'être tout
différent de ses deux condisciples. Ils sont pourtant tous trois aveugles et bien aveugles. Prenons-en dix; prenons-en vingt, et ce sera toujours la même chose. Nous retrouverons des
spécimens des principaux caractères connus,
mais différenciés presque à l'infini par ces mille
nuances qui distinguent chaque individu. Pour
un bon écrivain, dit-on, il n'est pas deux
mots parfaitement synonymes; je l'admets volontiers, mais je demanderai si l'on pense
qu'aux yeux d'un fin observateur, la syno-

nymie se rencontre plus dans l'humanité que dans la langue.

Les aveugles, comme toutes les minorités, sont synonymisés à outrance. Bien mieux, de grands raisonneurs se sont occupés d'eux; ils ont procédé par théorie; un principe a été posé, puis on en a déduit une foule de conséquences, auxquelles il est impossible d'échapper. Certains philosophes ayant dit que toutes nos idées viennent des sens, et que, par conséquent, un sens de plus ou de moins change totalement l'individu, il a été décidé (toujours par raisonnement) que l'aveugle, ayant un sens de moins, devait penser, sentir et agir de telle ou de telle manière. L'arrêt est absolu, sans appel et universel, comme tous les arrêts de ce genre.

Laissons là ces principes fondamentaux de la connaissance, et plaçons-nous uniquement sur le terrain des faits [1].

Les faits! Tout le monde en parle aujourd'hui; tout le monde prétend au rôle d'observateur; les aveugles ont donc été examinés

---

1. La question est des plus graves. En effet, si la cécité a, dans l'ordre moral et intellectuel, des conséquences aussi radicales que, dans l'ordre physique, celle d'enlever la perception de la lumière, il faut dès lors que les aveugles diffèrent radicalement des clairvoyants.

comme tout le reste. Seulement, à lire le résultat de certaines observations, on voit qu'on a
procédé pour eux comme pour un animal
bizarre dont on cherche à pénétrer les motifs
d'action. L'objet observé ne pouvant, dans ce
cas, aider en rien l'observateur, c'est la pers-
picacité, c'est la puissance d'induction de celui-
ci qui doit jouer le principal rôle. L'œil collé à
la lunette d'un microscope, ou la tête penchée
sur les orifices d'une fourmilière, il passe des
heures à considérer tel ou tel mouvement, telle
marche ou contremarche; tout est soigneusement noté; puis on en imagine à loisir la cause
et le but. C'est très bien : ainsi on arrive sûre-
ment à une vérité plus ou moins mêlée d'erreur;
mais que faire? Il n'existe pas d'autre moyen
de procéder.

Quand il s'agit, au contraire, d'étudier des
hommes, qu'ils voient ou qu'ils ne voient pas,
on peut s'y prendre autrement. On est en présence d'un être moral; il importe de s'en souvenir. Sans doute, il est bon de l'observer,
quelquefois de l'observer silencieusement et
même à son insu, afin de surprendre ses actes
dans toute leur spontanéité; mais il ne faut
considérer ce procédé que comme préparation
ou vérification de l'observation sérieuse, véri-

table, qui doit se faire avec le concours très
actif de l'être moral observé. Pour cela, il faut
le voir longuement, vivre avec lui et de sa
vie, l'interroger; causer amicalement afin de
le voir tel qu'il est, et de ne pas effleurer seulement sa surface. Cette observation ne doit
pas porter non plus sur un seul individu, mais
bien sur un grand nombre. C'est alors qu'on
peut se flatter de connaître expérimentalement son sujet et que, chez les aveugles, par
exemple, on voit tous les caractères exister
dans toutes leurs nuances.

Si vous avez déjà lu quatre lignes sur les
aveugles, certainement vous avez vu des affirmations de ce genre : L'aveugle est égoïste, orgueilleux, personnel; ou bien encore : L'aveugle est gai, l'aveugle est triste, etc. J'attaque
énergiquement ces affirmations, non parce qu'il
en est de peu flatteuses pour mes héros, mais
parce qu'il serait tout aussi raisonnable de
dire : L'aveugle est grand, petit, blond, brun,
pauvre, riche. Je condamne absolument cette
rédaction. Il faut dire : Il y a des aveugles
égoïstes, orgueilleux, personnels, et j'ajouterai même volontiers à cette nomenclature une
longue série d'adjectifs non moins flatteurs
pour le substantif qu'ils qualifient. Mais le

point important à éclairer est celui-ci : Les aveugles chez lesquels on a remarqué cet agréable ensemble de qualités, les ont-ils parce qu'ils sont aveugles ou pourraient-ils ne pas les avoir? En un mot, la cécité a-elle pour conséquence inévitable de vous rendre orgueilleux, égoïste, personnel, ingrat, etc., oui ou non? telle est la question. Je réponds : Non. Et voici la raison de mon opinion : beaucoup trop d'enfants aveugles, comme la plupart des enfants disgraciés par la nature, reçoivent dans leurs familles, plus tendres qu'éclairées, une déplorable éducation. Cherchons donc là, ainsi que dans certaines dispositions naturelles que tout homme (aveugle ou clairvoyant) apporte en naissant, la cause des défauts dont nous venons de parler. Elle est là, et point ailleurs.

Il est rare à la vérité que l'enfant aveugle trouve dans sa famille pauvre ou riche une bonne éducation. Parfois on le méprise, on le relègue dans un coin, et il souffre matériellement et moralement; dans bien des cas, matériellement et moralement tout ensemble. Parfois, au contraire, il est choyé, adulé; tous les membres de la famille sont à ses pieds, chacun se plie à ses moindres caprices [1]; on a des

1. Dans un roman d'éducation un peu oublié peut-être,

4

excuses pour ses plus grosses sottises, des
admirations béates pour tout ce qu'il fait de
passable; et comment voudrait-on qu'un enfant
ainsi élevé ne devînt pas insupportable? Une
semblable éducation donnée à un enfant doué
de deux yeux de lynx ne produit-elle pas tous
les jours des effets identiques? Il ne faut donc
pas dire : La cécité rend orgueilleux, et le reste;
mais bien : La cécité n'est pas un talisman contre
l'orgueil, l'égoïsme et les autres défauts de
l'humanité.

Il est en vérité bien ingrat d'avoir à parler
de gens qui n'ont rien de merveilleux; le merveilleux séduit toujours, en mal comme en bien.
Un écrivain est sauvé dès qu'il peut dire :
« Les individus dont je parle sont prodigieusement extraordinaires. » Sans cela en effet, à
quoi bon parler, et mieux, à quoi bon écrire?

L'aveugle a cependant quelques tendances
de plus que tout le monde à aimer l'ordre, du
moins dans les meubles, dans les objets encombrants; car, pour les petites choses, si je connais

Mme Guizot fait un excellent portrait de l'enfant aveugle,
intelligent, bien doué sous tous les rapports, mais rendu
insupportable par les folles gâteries d'une mère trop tendre.
(Voy. *l'Écolier ou Raoul et Victor*, par Mme Guizot, ouvrage couronné par l'Académie française. 17e édition. Paris,
Didier.)

des aveugles rangés, j'en connais d'autres qui ont un désordre à rendre jaloux le plus désordonné des clairvoyants. C'est que l'ordre s'impose à lui à chaque pas, à chaque minute de son existence. Comme il n'a pas la vue pour savoir à distance où est un livre, un outil cherché ; pour éviter un meuble, un siège, un obstacle quelconque placé en travers de son passage, il en résulte qu'il est obligé d'affectionner l'ordre.

Une maison toujours dérangée n'est agréable pour personne ; elle est particulièrement désagréable pour l'aveugle, dont la locomotion deviendra pénible et hésitante si, à chaque instant, les meubles encombrants sont changés de place.

Diderot, dans sa trop fameuse [1] *Lettre sur les aveugles à l'usage de ceux qui y voient*, dit de l'aveugle du Puyseau (le seul aveugle observé par lui et sur lequel il a échafaudé tous ses raisonnements) qu'il travaillait la nuit, parce que rien ne le dérangeait, et que sa femme trouvait le matin les objets parfaitement en place. Pour moi, cela ne prouve que deux choses : 1° que

1. Voy. *Lettre sur les aveugles, à l'usage de ceux qui y voient.* (Londres, 1749, p. 44 ; OEuvres choisies de Diderot, précédées de sa vie, par Mme DE VANDEUL, et d'une Introduction par François Tulou. T. I, Paris, Garnier frères.)

l'aveugle du Puyseau devait être un homme bizarre, avec lequel je préfère n'avoir pas eu à vivre; 2° que sa femme était une personne bien gênante, puisque la nuit seulement ce pauvre diable de liquoriste avait assez de tranquillité pour faire sa cuisine.

La cécité prédispose aussi à l'observation. Quand on ne voit pas, et qu'on veut tirer bon parti de ses autres facultés, on est obligé d'analyser, de raisonner davantage toutes les perceptions, toutes les impressions. Cette nécessité de la réflexion amène un certain nombre d'aveugles à une vie intérieure assez intense. Le sérieux de l'individu y gagne sans doute, mais quelquefois cela pousse à la concentration.

Il est généralement admis que l'aveugle est gai et le sourd triste... Or, pour celui qui connaît bien les aveugles, il est évident que cette gaieté, remarquée par tant de personnes est plus subjective qu'objective; je m'explique. Lorsqu'on va voir un aveugle ou des aveugles, on s'attend, n'est-il pas vrai, à trouver des êtres lugubres et lamentables, déplorant dans de perpétuelles et larmoyantes élégies le malheur d'être privé du spectacle de la voûte azurée, du soleil, de la lune, des étoiles et de toutes les

autres choses qui font partie d'une classique
description de la nature. On prépare donc à
cet effet une bonne provision de pitié et de
consolation ; et puis on s'aperçoit que ce n'est
pas cela du tout : on se trouve en présence
d'un enfant ou d'un homme, comme tant d'autres, qui vous parle de toute espèce de choses,
excepté de sa cécité, à laquelle il ne pense que
de temps en temps, quand par exemple il laisse
tomber un objet roulant qui échappe longtemps
à ses recherches.

Le sculpteur aveugle Vidal [1] prétend que la
vue n'est utile que pour ne pas se heurter dans
une brouette. Ce naturel surprend, et le superflu
de la sensibilité que le prévoyant observateur
de l'aveugle avait amassé en réserve, n'ayant
pas à se dépenser, fait trouver l'aveugle gai.
Souvent aussi un parallèle est établi entre la
gaieté de l'aveugle et la tristesse du sourd. Eh
bien ! n'est-ce pas toujours à peu près la même
cause ? Au premier abord, l'aspect du sourd-

---

1. Louis Vidal, élève de Rouillard, puis de Barye, devint
aveugle à vingt-deux ans. Sans se laisser abattre par la
cécité, il continua à travailler, et il est un des principaux
sculpteurs animaliers de Paris. Il exposa fréquemment au
Salon et a été plusieurs fois médaillé. Des réductions en
bronze ont été faites de ses principales œuvres ; on en
trouve le catalogue illustré à la librairie A. Mouveau, 103,
rue de Vaugirard.

muet est en général beaucoup plus agréable que
celui de l'aveugle; un visiteur qui parcourt pour
la première fois une école de sourds-muets et
une école d'aveugles se trouvera bien moins
dépaysé chez ceux-là que chez ceux-ci. L'enfant sourd-muet ressemble physiquement à tous
les enfants; vous vous approchez d'un sourd
sans appréhension, parce qu'à le voir, rien ne
vous indique son infirmité, tandis que rarement
la cécité ne s'aperçoit pas à quelque distance;
presque toujours les paupières closes de
l'aveugle ou ses yeux atrophiés vous causent
une impression triste, quelquefois pénible;
mais cette première impression surmontée,
plus vous avancerez dans la connaissance d'un
aveugle, plus vous serez à votre aise avec lui,
parce que vous sentirez bientôt toute barrière
tomber entre lui et vous; et si cet aveugle est
un homme ou une femme d'esprit, vous finirez
par oublier complètement, dans votre entre-
tien, la cécité de votre interlocuteur. Pour
le sourd-muet, au contraire, les impressions
sont absolument inverses. Plus vous resterez
en sa présence plus sa *surdimutité* pèsera sur
vous. S'il est insupportable de causer avec
quelqu'un qui parle trop, la conversation ne
laisse pas que d'être au moins pénible avec

quelqu'un qui ne parle pas du tout, ou, s'il
s'agit d'un simple sourd, avec quelqu'un qui
fait répéter chaque mot ou qui comprend tout
de travers. Il résulte de ce parallèle fait au
moins implicitement un brevet général de
gaieté donné en bloc à tous les aveugles.

La vérité est que les aveugles ne sont pas,
par la cécité, nivelés sous le rapport du caractère. En ne vivant qu'avec des aveugles, on
pourrait parfaitement avoir des échantillons de
toutes sortes d'humeurs, depuis les plus mélan-
coliques, les plus sérieuses, jusqu'aux plus gaies
et aux plus insouciantes. Je connais un grand
nombre d'aveugles; j'en connais de jeunes,
j'en connais de vieux, j'en connais d'intelligents, j'en connais de très ordinaires; or j'ai
rencontré chez eux un peu de tout. Il y a
des natures charmantes, fines, délicieuses, de
ces êtres que l'on aime dès qu'on les connaît;
j'en sais d'acariâtres, de prétentieux, d'insup-
portables. Il y en a de doux, il y en a d'em-
portés, il y en a de modestes, remplis de mérite et pourtant ne parlant jamais de soi. Il y
en a de très communs et cependant fort infa-
tués de leur personne; il y en a qui se font
aimer partout et qui sont aimables pour tout
le monde; il y en a qui ont le secret de ne

se faire apprécier de personne et qui trouvent toujours les autres parfaitement désagréables. En un mot, et pour conclure, il faut choisir parmi les aveugles comme parmi les clair-voyants, ni moins, ni plus, et j'espère qu'en me voyant avouer sans aucun détour que mes héros ne valent, par leur nature, pas plus que les autres hommes, on me croira lorsque j'affir-merai qu'ils ne valent pas moins.

Ai-je réussi à donner une idée exacte du physique, de l'intellect et du moral des aveu-gles? Puis-je espérer que si, demain, un de mes lecteurs voit entrer chez lui un aveugle *bien élevé*, il n'aura pas l'appréhension de se trouver en face d'un être extraordinaire à tous égards, forcément gauche, maladroit, embarrassé et embarrassant, d'un être sombre, bizarre, ne sentant pas, ne raisonnant pas, ne pensant et ne parlant pas comme tout le monde, d'un être ayant une vie matérielle, morale et intellectuelle absolument à part, d'un être enfin pouvant bien inspirer de la curiosité, de la compassion, mais auquel il faut tout donner, dont on ne saurait rien recevoir d'utile ni d'agréable, sinon des remerciements, à condition toutefois qu'il ne soit pas ingrat?

Si donc j'ai su restituer à l'aveugle sa véritable physionomie, on me suivra sans aucune appréhension dans l'intérieur d'une école spéciale, et après avoir vu ce que sont les aveugles qu'on instruit, nous pourrons étudier comment on les instruit.

Mais comme on ne saurait toucher à l'instruction des aveugles sans parler de son créateur, Valentin Haüy, je crois utile et intéressant d'esquisser le portrait du grand philanthrope.

DEUXIÈME PARTIE

VALENTIN HAÜY

ET

SON ŒUVRE

CHAPITRE PREMIER [1]

ENFANCE ET VOCATION

Lorsqu'à Paris vous allez, par le boulevard des Invalides, de la Seine à la gare de Bretagne, vous longez une longue file de murs hauts et monotones qui cachent discrètement les jardins des établissements d'assistance ou d'éducation, nombreux dans ce quartier. Une large grille coupe la dernière de ces ennuyeuses murailles, laissant voir au milieu d'une vaste cour la statue en pied d'un homme d'une quarantaine d'années, coiffé en catogan et portant l'habit à la française. Devant lui est un enfant. Sur le socle ces mots : Valentin Haüy, 1745-1822.

1. Ceci est un portrait, non une histoire de Valentin Haüy. Depuis longtemps je réunis sur ce grand philanthrope nombre de documents inédits. Un jour peut-être je compléterai cette esquisse

Ne passez pas indifférent. Saluez l'homme providentiel des aveugles.

C'est dans un bourg de Picardie, Saint-Just-en-Chaussée, que naquit Valentin Haüy. Son père, tisserand en toile, était pauvre et, deux ans avant, avait déjà fait baptiser un garçon, René-Just, qui devait être le célèbre abbé Haüy, créateur de la cristallographie.

Le brave tisserand besognait de l'Angelus au couvre-feu, pour gagner le pain de la maisonnée; vaillante aussi était sa femme; cependant, sans l'intervention de bons moines du voisinage, il est probable que les deux garçonnets n'eussent jamais appris qu'à manier la navette paternelle.

Aux environs de Saint-Just était une abbaye de Prémontrés; souvent le petit René y assistait aux offices, qui étaient fort beaux. Son attitude recueillie, son minois intelligent, attirèrent l'attention du prieur, qui se chargea de l'instruire.

Valentin prit promptement le chemin de la même école; les deux enfants travaillèrent bien. Saint-Just n'étant qu'à une vingtaine de lieues de Paris, ils purent, grâce au dévouement de leur courageuse mère et à quelques recommandations, terminer leurs études à la capitale. Dès 1764, à vingt-un ans, René était régent de quatrième au collège du Cardinal-Lemoine, où il se lia très intimement avec le bon Lhomond.

Valentin, aidé par la modeste influence de son aîné, étudia les langues vivantes et la calligraphie; il réussit à gagner de quoi vivre en donnant des leçons et en traduisant des dépêches pour les Affaires étrangères.

Chacun sait qu'à cette époque l'amour philosophique de l'humanité était à l'ordre du jour; on cherchait, on rêvait toutes sortes de régénérations sociales. Rousseau et Diderot étaient sur un trépied; leurs paroles étaient des oracles. La *Lettre sur les aveugles, à l'usage de ceux qui y voient*, très lue et très commentée, mettait les aveugles en évidence [1].

On se préoccupait aussi des sourds-muets, car, faisant mieux que *philosopher*, l'abbé de l'Épée avait créé, près de Saint-Roch, la première école de sourds-muets.

La fondation de la Société philanthropique remonte aussi à cette époque [2].

---

1. *Lettre sur les aveugles à l'usage de ceux qui voient* (Londres, 1749), *Lettre sur les sourds-muets à l'usage de ceux qui entendent et qui parlent* (Amsterdam, 1772), par Diderot.

2. Dans la première notice publiée par cette Société en 1785,

Valentin Haüy, cœur tendre et généreux,
esprit quelque peu utopiste, était en tout un
enfant de son siècle. C'est ainsi que nous le
représentent son costume et ses écrits; en 1780
il ne pouvait pas ne pas être philanthrope avec
Lavalette, de Langes, le vicomte de Tavannes,
Lecamus de Pontcarré [1], etc., comme, en 1796,
il fut théophilanthrope avec Chemin-Dupontès,
Dupont (de Nemours), Bernardin de Saint-
Pierre et La Révellière-Lépeaux. En lui, l'abbé
de l'Épée avait un auditeur assidu, un profond

on lit les lignes suivantes : « La Société philanthropique est
la réunion de plusieurs personnes qui, animées par le goût
de la bienfaisance, s'occupent à secourir par le concours de
leur fortune ou de leurs lumières la vertu indigente et souffrante; un des premiers sentiments que la nature a gravé
dans le cœur de l'homme de tous les pays et de tous les cultes,
c'est cet intérêt involontaire qu'inspire l'aspect d'un malheureux. Par suite de cette affection, un des principaux
devoirs de l'homme est donc de concourir au bien de ses
semblables, d'étendre leur bonheur, de diminuer leurs maux
et par là de prévenir les désordres et les crimes qui ne sont
trop souvent qu'une suite de l'abandon et du désespoir. Certainement un pareil objet est dans la politique de toutes les
nations, et le mot de philanthrope paraît le plus propre à
désigner les membres d'une société particulièrement con-
sacrée à remplir ce premier devoir du citoyen. » Elle assistait:
1° les octogénaires; 2° les aveugles-nés; 3° les femmes en
couche de leur sixième enfant légitime; 4° les veufs ou veuves
chargés de six enfants légitimes; 5° les pères et mères
chargés de neuf enfants; 6° les ouvriers estropiés (même
notice, p. 6).

1. Centenaire de la Société philanthropique, notice historique et rapport par M. le vicomte d'Haussonville, 1880,
Paris.

admirateur, presque un disciple; bientôt il
allait avoir un émule.

Le feu sacré couvait dans l'âme du bureau-
crate; il devait suffire d'un choc pour faire jail-
lir l'étincelle créatrice. Parmi les baraques qui,
en 1771, faisaient l'ornement et les délices de
la foire Saint-Ovide [1], il y en eut une montée
par le sieur Valindin, impresario de génie à sa
manière, dont le succès devait marquer dans
les annales foraines [2]. Valindin avait réuni quelques aveugles qu'il présentait en charge à la
foule badaude; celle-ci trouva la chose tellement de son goût, qu'elle faillit démolir la
baraque dans son empressement, et que l'on
fut obligé d'organiser un cordon de fusiliers
autour de cet établissement.

Valentin Haüy vit l'affiche; il suivit la foule,
et voici, racontées par lui-même, la scène à
laquelle il assista et l'impression qu'il en res-
sentit [3] : « Il y a bientôt trente ans qu'un ou-

---

1. Voy. *Almanachs forains ou les différents spectacles des
boulevards et des foires de Paris.* Imprimé à Paris, chez
Valeyre, année 1773.
2. Cette foire se tint d'abord place Louis-le-Grand (place
Vendôme) et fut ensuite transportée place Louis XV.
3. Selon M. Pasteur, « il y a dans la vie de tout homme
un jour inoubliable où il a connu à plein esprit et à plein
cœur des émotions si généreuses, où il s'est senti vivre
avec un tel mélange de fierté et de reconnaissance, que
le reste de son existence en est éclairé à jamais ».

trage fait *publiquement à l'humanité*, en la
personne des *aveugles* des *Quinze-Vingts*, et
répété tous les jours pendant près de deux mois,
excitait la risée de ces hommes qui sans doute
n'éprouvèrent jamais les douces émotions de la
sensibilité.

« Au mois de septembre 1771, on avait placé
dans un café de la foire Saint-Ovide dix aveugles choisis parmi ceux qui n'avaient que la
triste et humiliante ressource d'aller mendier
leur pain sur la voie publique, à l'aide d'un
instrument, dont l'auditeur, doué d'une oreille
délicate, et plus encore d'une âme sensible,
s'empressait souvent de suspendre les sons, à
l'aide d'une offrande qu'il eût désiré être le prix
du talent.

« On les avait grotesquement affublés de
robes et de longs bonnets pointus; on leur
avait mis sur le nez de grosses lunettes de
carton sans verre. Placés devant un pupitre
qui portait de la musique et des lumières, ils
exécutaient un chant monotone : car le chanteur, les violons et la basse faisaient entendre
tous la même partie. C'était, sans doute, à
l'aide de cette dernière circonstance qu'on prétendait justifier l'insulte que l'on avait faite
à ces infortunés, en les environnant des em-

blèmes d'une sotte ignorance, en plaçant, par
exemple, derrière leur coryphée, une queue de
paon dans son étalage, et sur sa tête la coif-
fure de Midas.

« Pourquoi faut-il qu'une scène si déshono-
rante pour l'espèce humaine n'ait point péri à
l'instant même de sa conception! Pourquoi la
poésie et la gravure [1] prêtèrent-elles leur divin
ministère à la publication de cette atrocité!
Ah! sans doute, c'était pour que le tableau
reproduit sous mes yeux, portant dans mon

---

1. « On a vendu chez Mondhar, rue Saint-Jacques, l'estampe
représentant cette caricature, avec des vers analogues au
bas. »

On trouve cette estampe à la bibliothèque Carnavalet;
en voici la description :

« Grand concert extraordinaire exécuté par un détache-
ment des Quinze-Vingts au caffé des aveugles, foire Saint-
Ovide, au mois de septembre 1771. »

Les aveugles, vêtus d'une manière comique, jouent de
divers instruments, violons, contrebasses, etc., d'énormes
lunettes posées sur le nez de l'un des musiciens, deux chan-
delles allumées, des cahiers de musique ouverts avec les
notes tournées du côté des spectateurs complètent cet ensemble plaisant. Au-dessous, on voit un petit cartouche
représentant un aveugle conduit par un chien, avec une
chapelle dans le lointain, et on lit les vers suivants :

Vous tous à qui de plaire il est si difficile,
Apprenez qu'en ces lieux on donna du nouveau,
Que jamais autre part un spectacle plus beau
Ne fut aperçu dans la ville.
Il fut charmant d'ouïr ces aveugles chanter,
Et surtout de les voir fiers de leur encollure
Se disputer à qui donnerait mieux l'allure
Aux chansons que Paris vint en foule écouter.

cœur une affliction profonde, échauffât mon
génie. Oui, me dis-je à moi-même, saisi d'un
noble enthousiasme, j'y substituerai la vérité
à cette fable ridicule, je ferai lire les aveugles ; je placerai dans leurs mains des volumes
imprimés par eux-mêmes. Ils traceront des caractères et reliront leur propre écriture. Enfin
je leur ferai exécuter des concerts harmonieux.

« Oui, homme atroce, qui que tu sois, ces
oreilles d'âne dont tu voulus dégrader la tête de
l'infortune, je les attacherai à la tienne [1]. »

En faisant cette exhibition, Valindin n'avait
eu sans doute que le but mercantile d'augmenter le débit de sa guinguette par l'attrait d'une
badauderie inédite ; il contribua inconsciemment à susciter aux aveugles un régénérateur.
Quand Haüy sortit de la baraque, sa voie était
trouvée.

---

1. *Troisième note du citoyen Haüy, auteur de la manière
d'instruire les aveugles*, ou court exposé de la naissance, des
progrès et de l'état actuel de l'Institut national des Aveugles-
Travailleurs au 19 brumaire an IX de la République française, entremêlée de quelques observations relatives à cet
établissement. Signé : « Haüy, fondateur de l'établissement
national des Aveugles-Travailleurs, membre du jury d'instruction publique et interprète de tous les gouvernements
qui ont régi successivement la France ».

CHAPITRE II

Longue fut la période d'incubation : plus de
dix ans passèrent, pendant lesquels Haüy,
avec un sens pratique, rare chez les enthou-
siastes, s'enquit des procédés employés par
les aveugles privilégiés qui étaient arrivés à
acquérir de l'instruction. Enfin, se sentant prêt
à passer de la théorie à la pratique, vers la
Pentecôte de 1784, il alla prendre son premier
élève sous le porche de Saint-Germain des
Prés. Là se tenait dès l'ouverture des portes,
tendant la main à tout venant, un jeune garçon
aveugle (François Lesueur), dont la physionomie intelligente faisait un pénible contraste
avec le rôle passif auquel il était réduit. Lesueur
souffrait de cette situation ; il comprit la parole

du maître que la Providence lui envoyait et
accepta ses leçons.

Mais François n'était pas seul à la maison;
il y avait là-haut père et mère plus ou moins
infirmes et de petits enfants; le produit de la
sébile de l'aveugle était escompté à la man-
sarde. Donc, impossible au quêteur de devenir
purement étudiant et de déserter le parvis pour
l'école. Un compromis fut fait : le matin, François resterait fidèle à son pilier; l'après-midi
se passerait chez Haüy. Mais bientôt celui-ci,
voulant avoir son élève toute la journée, prit
le parti de remplir lui-même la sébile avec ses
économies. La moindre nouveauté de cet enseignement n'était pas certes de voir le maître
payer un cachet à l'élève.

« Il n'y a rien de si aisé, a dit Biot, que ce
que l'on a découvert la veille et de si difficile
que ce que l'on doit découvrir le lendemain. »
L'idée d'imprimer en relief est plus que toute
autre du domaine des *truisms* de l'invention,
comme diraient les Anglais. Tout d'abord,
Lesueur lut en promenant les doigts sur des
caractères mobiles en relief groupés en mots
et en phrases. Le procédé était rudimentaire
et se prêtait peu à la formation d'une bibliothèque. Un jour Lesueur, en fouillant dans les

papiers amoncelés sur le bureau d'Haüy [1], trouva un billet d'invitation, qui, fortement foulé par le tympan, avait conservé en relief l'empreinte de certains caractères. Un O surtout était parfaitement tangible. Fier de sa trouvaille, l'aveugle appelle son maître et lui montre qu'il peut déchiffrer plusieurs lettres sur ce papier. Ce fut un trait de lumière pour l'esprit toujours en éveil d'Haüy. Aussitôt il traça avec le manche d'un canif à plumes d'oie quelques signes sur la même feuille. Lesueur les reconnut sans hésiter. L'impression en relief, la plus grande découverte de Valentin Haüy, était acquise; il ne restait plus qu'à trouver, au prix de bien des tâtonnements, le procédé pratique d'application, mais les recherches accessoires, les perplexités de l'inventeur ne comptent pas dans l'Histoire. Lesueur fit des progrès rapides; c'était la certitude remplaçant l'espérance : l'aveugle, même demeuré longtemps sans culture, était susceptible d'en acquérir. Mais Haüy prétendait faire école; pour cela, un élève, c'était peu; il pouvait être

1. Voy. *Notice sur l'établissement des jeunes aveugles*, « imprimée aux Quinze-Vingts, par M. Galliod, ancien élève de feu M. Haüy, inventeur des procédés pour l'éducation des aveugles » (Paris, 1828), p. 5.

un prodige, un phénomène; le fait n'était point
concluant. La Société philanthropique, qui
venait d'être fondée, assistait 12 octogénaires,
12 veufs ou veuves, 12 aveugles et 25 femmes
en couche. Haüy obtint de prendre les 12 aveugles chez lui; après l'approbation des philanthropes, il importait d'avoir celle des savants.
Précisément l'abbé Haüy venait d'entrer à
l'Académie des sciences.

Pendant que Valentin déchiffrait les grimoires
des Affaires étrangères, suivait les travaux de
l'abbé de l'Épée et méditait l'amélioration du
sort des aveugles, son frère René-Just, en compagnie du doux Lhomond, initiait les écoliers
du *Cardinal-Lemoine* aux mystères du *que re-
tranché;* puis, à ses moments perdus, et pour
complaire à son respectable ami, il se mettait à
herboriser. De la botanique il passa par hasard
à la minéralogie, et fit, sur les cristaux, la découverte qu'on sait [1]. Promptement il se trouva
en vue, malgré la naïveté, presque la gaucherie de toute sa personne; ses premières

1. Ayant un jour laissé tomber à terre un groupe de spath
calcaire cristallisé, il remarqua avec étonnement que les
morceaux conservaient une forme régulière et constante;
conduit par cet heureux hasard, qu'il sut féconder, il créa
une science nouvelle, à laquelle son nom est resté attaché,
la *cristallographie.*

lectures à l'Académie firent sensation [1], et la
savante compagnie s'empressa de lui ouvrir
ses portes. Pour étudier expérimentalement la
structure des cristaux, le pacifique abbé bri-
sait sans pitié tous les échantillons qu'on voulait bien lui abandonner; Romé Delisle, jaloux
de ses découvertes, l'attaquait avec vigueur,
l'appelant *critalloclaste*, mais cette injure toute
byzantine n'arrêta pas le succès de l'abbé. Très
confus d'un tel honneur, l'humble régent du
Cardinal-Lemoine voyait sa cellule envahie par
ses nouveaux confrères : Laplace, Lagrange,

---

1. Cuvier nous apprend qu'il ne fut pas facile de décider
le modeste abbé à faire ses lectures : « L'Académie, le Louvre,
étaient pour le bon régent du *Cardinal-Lemoine* une sorte de
pays étranger qui effrayait sa timidité. Les usages lui étaient
si peu connus, qu'à ses premières lectures il y venait en
habit long, que les anciens canons de l'Église prescrivent,
dit-on, mais que depuis longtemps les ecclésiastiques qui
n'étaient point en fonctions curiales ne portaient plus dans la
société. A cette époque de légèreté, quelques amis craigni-
rent que ce vêtement ne lui ôtât des voix, mais, pour le lui
faire quitter (et c'est encore ici un trait de caractère), il fallut
qu'ils appuyassent leur conseil d'un docteur de Sorbonne.
« Les anciens canons sont très respectables, lui dit cet homme
sage, mais en ce moment, ce qui importe, c'est que vous
soyez à l'Académie. Il est au reste fort à présumer que c'était
là une précaution superflue et, à l'empressement que l'Académie montra pour l'acquérir, on vit bien qu'elle aurait voulu
l'avoir, quelque habit qu'il eût porté. » Cuvier, *Éloge historique de M. René-Just Haüy*, lu le 2 juin 1823. (Recueil des
Éloges historiques lus dans les séances publiques de l'Institut royal de France, par M. le baron Cuvier, l'un des 40 de
l'Académie française, t. III, Paris, Levrault, 1827.)

Lavoisier, Fourcroy, Berthollet, de Morveau [1], venaient lui demander de leur développer ses théories sur la cristallisation.

L'œuvre des aveugles bénéficia de cette faveur; soumis à l'Académie des sciences, les essais pédagogiques de Valentin furent hautement approuvés [2]. Ce n'était pas tout encore : il fallait conquérir la sympathie du public, l'intéresser, le toucher, et enfin délier les cordons de sa bourse. La lutte pour l'existence commençait, et ce pauvre Valentin devait la soutenir pendant vingt années, et quelles années !

Il y a un siècle, quoique moins raffiné qu'aujourd'hui, l'art de la réclame existait cependant, et Haüy savait s'en servir. Il exhiba ses élèves au salon de correspondance et dans d'autres lieux de réunion, « le mercredi, le samedi et même un autre jour à volonté à l'École, 18, rue Notre-Dame-des-Victoires », enfin à la cour de Versailles, où les écoliers aveugles furent invités pour la Noël de 1786. Ce fut un vrai succès [3]. Louis XVI compli-

1. Voy. l'Éloge cité plus haut.
2. Voy. le Rapport fait à l'Académie des sciences le 16 février 1785, par le duc de La Rochefoucauld.
3. *Journal de Paris*, lundi 1er janvier 1787 :

Versailles, le 27 décembre 1786.

Le Roy ayant bien voulu, messieurs, fixer au 26 les exercices qu'il permettait aux enfants aveugles de faire en sa

menta Haüy et lui promit le premier cordon
de Saint-Michel qui viendrait à vaquer.

Hélas! il faut croire que le plus vieux titu-

présence, ils les répétèrent le 24 devant les membres de la
Maison philanthropique de cette ville. Le Roi, la Reine et
toute la famille Royale ont daigné accorder des témoi-
gnages de bonté tant pour l'instituteur que pour les élèves.
Un aveugle, maître à lire d'un jeune clairvoyant; des fautes
d'orthographe, corrigées dans une composition d'imprimerie
par un aveugle, reformée par un autre; la géographie apprise
et démontrée sur des cartes avec et même sans relief, par Lesueur, premier professeur des aveugles; des fractions assez
difficiles, réduites à un même dénominateur avec une exac-
titude que M. le duc d'Angoulême s'est amusé à vérifier lui-
même la plume à la main, ont paru plaire infiniment à toute
la Cour, dans les deux séances d'hier. Ces jeunes élèves ont
présenté au Roi et à la famille Royale un livre imprimé par
eux (*Essai sur l'éducation des aveugles*) avec une ode composée par le sieur Huard, l'un d'eux, et suivie des modèles
de tous les petits ouvrages d'imprimerie qu'ils exécutent
d'après les soins et l'instruction qui leur ont été donnés par
M. Clousier, imprimeur du Roi, qui a secondé avec un grand
désintéressement le zèle si pur et si actif de M. Haüy. J'ai
l'honneur d'être, etc. »

Signé : « Un philanthrope qui a été aux exercices du 26 ».

Dans le numéro du 8 janvier, on lit ce qui suit :

« Ce 4 janvier 1787. — Messieurs, je ne saurais trop marquer ma reconnaissance au digne philanthrope qui s'est
empressé de vous apprendre, par sa lettre du 1er de ce mois,
que le Roi, la Reine et la famille Royale avaient daigné
arrêter leurs regards sur les exercices des enfants aveugles.
Mais ce respectable anonyme me permettra-t-il d'ajouter au
compte qu'il vous a rendu que les travaux relatifs aux métiers ont semblé intéresser aussi les augustes témoins de ce
spectacle intéressant; qu'ils ont paru voir avec satisfaction
le chanvre devenir successivement, sous les doigts des enfants aveugles, un fil et de la ficelle; et celle-ci être employée
par eux à faire du filet, des ouvrages à nœuds et de la sangle.
Le tricot, le lacet au boisseau, la reliure des livres leur ont

laire dura plus que le Roi, car le cordon ne
vint jamais.

Haüy enseignait à ses élèves la musique
vocale et instrumentale, et Gossec, le musicien
à la mode, composait des messes pour le petit
orchestre des aveugles, des chœurs sur des
paroles d'un élève de l'école ; c'est dans un de
ces hymnes à la louange de leur maître, qu'ils
chantaient ces vers souvent joints en exergue
au portrait d'Haüy :

> Les Arts et les Vertus lui prêtent leur flambeau,
> Pour éclairer l'aveugle au fond de son tombeau.

Avec une audace que pouvait seule donner
la conscience de la valeur morale de ses musiciens si novices, Haüy faisait entendre le
petit orchestre et les maigres chœurs des
aveugles-nés sous les vastes voûtes de Saint-
Eustache [1]. A la procession de la Fête-Dieu de

également paru présenter pour l'avenir, à cette classe d'infortunés, des ressources contre l'indigence.

« Je profite de cette circonstance, messieurs, pour vous
prier d'annoncer que les enfants aveugles reprendront, à dater
de mercredi 10, leurs exercices rue Notre-Dame des Victoires,
les mercredis et samedis à midi précis, et autres jours et
heures qu'on voudra bien leur indiquer la veille. J'ai l'honneur d'être, etc. » Signé : « Haüy, interprète du Roi ».

1. C'est à cette occasion que l'archevêque de Paris donna
aux jeunes filles aveugles l'autorisation de chanter dans les
églises aux offices paroissiaux. (Voy. la *Notice historique de
Gaillod*, citée plus haut, p. 22.)

cette paroisse, ils jouaient des *marches chantantes;* à Saint-Roch et dans d'autres églises, ils exécutaient des messes en musique.

Enfin, en octobre 1789, Louis XVI étant rentré à Paris sans *ses musiciens ordinaires,* Haüy s'empressa de faire agréer les aveugles pour la chapelle des Tuileries.

CHAPITRE III

L'ÉCOLE A TRAVERS LA RÉVOLUTION

Durant la Révolution, Valentin continua à mettre ses musiciens en vue; il fallait faire vivre l'œuvre, ou plutôt l'empêcher de mourir, et pour cela la faire connaître à tout prix. La Terreur venue, Haüy, de plus en plus impresario des aveugles, changea légèrement ses programmes et ses lieux d'exhibition : Gossec écrivit des hymnes patriotiques et non plus des motets. On passa du chœur de Saint-Eustache à la scène de l'Académie nationale de musique (les jours de fête civique); et au lieu de jouer des marches chantantes à la procession de la Fête-Dieu, on montait sur un char pour les défilés officiels. C'est ainsi que, pour la fête de l'Être suprême, le 8 juin 1794, dans cette *fameuse journée* dont le programme tracé par

David est un modèle du style goûté alors [1], les *aveugles-nés* figurèrent [2]. Ils faisaient partie du cortège qui suivait le grand pontife, Robespierre, dont la blafarde physionomie ne s'éclaira qu'en cette occasion, dit Vilates [3], et qui, le cœur débordant d'amour et de mansuétude, se promenait revêtu du costume de représentant du peuple, tenant à la main un bouquet mélangé d'épis et de fleurs.

Faut-il pour cela taxer ce bon Valentin Haüy de terrorisme, et, parce qu'il avait été reçu et choyé à Versailles, aux Tuileries et que plus

1. « L'Aurore annonce à peine le jour, et déjà les sons d'une musique guerrière retentissent de toutes parts et font succéder au calme du sommeil un réveil enchanteur. A l'aspect de l'astre bienfaisant qui vivifie et colore la nature, amis, frères, époux, enfants, vieillards et mères s'embrassent et s'empressent à l'envi d'orner et de célébrer la fête de la divinité. L'on voit aussitôt les banderoles tricolores flotter à l'extérieur des maisons; les portiques se décorent de festons de verdure, la chaste épouse tresse de fleurs la *chevelure flottante de sa fille chérie,* tandis que l'enfant à la mamelle presse le sein de sa mère, dont il est la plus belle parure. Le fils au bras vigoureux *se saisit de ses armes;* il ne veut recevoir de baudrier que des mains de son père. Le vieillard, souriant de plaisir, *les yeux mouillés des larmes de la joie.* sent rajeunir son âme et son courage en présentant l'épée aux défenseurs de la liberté... » (Programme de la fête de l'Être suprême dressé par David et décrété pour le 8 juin 1794-20 prairial an II.)

2. On trouve dans un devis des objets nécessaires aux aveugles, dressé par Haüy, la mention d'un « plateau roulant ou chariot qui conduit les aveugles dans les cérémonies publiques ».

3. VILATES, *Causes secrètes de la révolution du 9 thermidor* (p. 197).

tard il visita Louis XVIII à Mittau, l'accuser de palinodie [1]? Eh! mon Dieu, non. Le doux Haüy n'aurait pas attristé un insecte; celui qui signait : *Interprète de tous les gouvernements qui ont successivement régi la France* [2], me semble passablement sceptique à l'égard de la politique, et je crois bien que, si on lui eût parlé de l'attitude qu'il avait donnée à son établissement à travers la Révolution, il eût

1. Le 19 brumaire an IX, Valentin Haüy, très attaqué, écrivait les lignes suivantes : « Lorsque des citoyens ont besoin de se présenter chez les hommes en place ou chez ceux qui les approchent, il n'est pas extraordinaire de voir des individus qui semblent postés là tout exprès pour dire à l'oreille des gens puissants par leur emploi ou par leur fortune : « Méfiez-vous de celui-là : il est *royaliste* ou *fanatique*. Prenez garde à celui-ci : c'est un terroriste. » Trop rarement peut-être il s'y trouve un homme impartial qui répond : « Qu'importe, il a de la probité, des talents, et n'a changé ni de visage, ni de conduite, ni d'opinion, à chaque circonstance nouvelle de la Révolution. »

« Forcé de faire des démarches que me commandent l'utilité des sciences et arts, la gloire de mon pays et la défense de l'humanité, il est de mon devoir de fuir d'abord l'opinion publique, que l'on s'efforce d'égarer sur mon compte ; et pour y parvenir, je vais citer simplement quelques-uns des principaux traits de ma vie politique, sous le régime de la *Terreur*. » (Voy. *Première note du citoyen Haüy*, auteur de la manière d'instruire les aveugles, en réponse aux insinuations défavorables répandues, dans la société, sur sa conduite politique.)

2. Nous le trouvons en effet, le 4 fructidor an II, employé à la Commission secrète des postes en qualité d'interprète pour le Comité de Salut public, et, le 6 pluviose an IV, il réclame les honoraires qui lui sont dus pour le dépouillement des lettres en langues étrangères, dont il avait été chargé, pour voir si elles ne contenaient rien contre le gouvernement.

répondu, lui aussi : « *J'ai vécu*, et fait vivre l'œuvre des aveugles; c'est déjà beaucoup. »

En effet, l'Assemblée nationale [1], puis plus tard la Convention [2], aussi prodigues de décrets que d'inscriptions, avaient déclaré l'école d'Haüy Institution nationale, et voté une bourse par département : mais, aussi bien que les sentences attendries et humanitaires inscrites un peu partout, ces intentions ne passaient guère de la théorie à la pratique; le trésor ne payait pas les pensions, ou donnait des bons, ce qui ne valait guère mieux, et l'école des aveugles, même avec son titre de nationale, était pauvre. Pauvres étaient ses pupilles, pauvre son directeur (depuis longtemps son modeste pécule était épuisé), et comme personne en France n'était riche, la charité devenait un mythe, et se procurer le pain quotidien, un problème toujours le même et cependant toujours plus malaisé à résoudre [3].

Aussi un des élèves d'Haüy, Avisse, vrai

1. Décrets du 21 juillet et du 28 septembre 1791.
2. Loi du 28 juillet 1795.
3. Valentin Haüy avait organisé dans une des salles du rez-de-chaussée du petit hôpital Sainte-Catherine, où l'on avait mis les aveugles, un théâtre qu'il louait pour 1200 francs au sieur Barré. Sur la toile cette inscription était peinte : « La bienfaisance nous rassemble. » (*Documents inédits.*)

poète, ma foi, et déjà auteur de l'ode *A ma
dernière chemise*, fit cette requête au ministre
de l'Intérieur [1] :

Un pauvre aveugle ose t'écrire,
O Bénezech, a-t-il raison?
Voudras-tu volontiers le lire,
Toi, ministre? Eh bien! pourquoi non?
Se rend-il digne de reproche,
En te disant qu'il a grand'faim ;
Qu'il n'a pas un sou dans sa poche.
Et que, point d'argent, point de pain ?
Si c'est pécher, je m'en étonne ;
Mais, me diras-tu, tes *mandats?*
Oui, j'en veux, moi, quand on m'en donne :
Mais, quand j'en donne, on n'en veut pas.
Or, en deux mots, voici la chose :
J'aurais pu te la dire en prose ;
Mais, je crois, cela n'y fait rien.
Çà, parlons donc, et parlons bien.
L'hiver dernier tu nous fis faire,
A souper, chez toi grande chère.
L'illustre Jourdan, ce jour-là,
Que ta main, de lauriers civiques,
Prix de ses vertus héroïques,
Au nom du peuple couronna,
Nous y vit imprimer et lire,
Compter, écrire, et cœtera ;
Et content, je crois, s'en alla.
A ce souper, il faut le dire,
On ne voyait point d'ortolans,

1. *Requête au ministre de l'Intérieur, à l'effet d'obtenir des
traitements en numéraire.* (7 messidor an IV.)

Point de cailles, point de faisans;
C'eût été par trop magnifique :
D'ailleurs, dans une République,
Il ne faut souffrir de friands ;
La friandise est incivique;
C'était un souper pour le tems,
Et le tems était bien critique :
Ajoutez que monsieur Rougeau [1],
Pour ménager notre mémoire,
Ménageait, ce n'était pas l'eau,
Mais le vin qu'il versait à boire.
Nul de nous, dès longtems, n'avait, malgré cela,
Fait de souper comme ce souper-là ;
Aussi ce souper, je le gage,
Vivra célébré d'âge en âge ;
Car, un jour, par moi, l'univers
Le verra décrit en beaux vers.
Mais venons à notre prière :
Je dis notre, tu sais pourquoi ;
Pas ne suis seul ici que ronge la misère;
Elle en ronge trente avec moi,
Sans compter notre cuisinière.
Ceci t'afflige, je le voi.
Déjà tu te dis : Mais quoi faire?
Oh ! veux-tu le savoir, ce *quoi?*

Ou fais-nous, tous les mois, payer en numéraire;
Ou fais-nous, tous les jours, venir souper chez toi [2].

1. Nom du maître d'hôtel.
2. Voy. *OEuvres* d'Avisse, aveugle, membre de l'Institution
des Aveugles-Travailleurs. — Seconde édition, à Paris, chez
Desenne, palais du Tribunal, n° 2 ; de Bray, place du Louvre ;
Lenormand, rue Saint-Germain l'Auxerrois ; veuve Avisse,
aux Quinze-Vingts, rue de Charenton ; et au musée des Aveugles, rue Sainte-Avoye, n° 19 ; de l'imprimerie du musée
des Aveugles, rue Sainte-Avoye, n° 19; an XI (1803), p. 13; et

La misère, on le voit, n'excluait pas la bonne
humeur; ces revendications ne pouvaient être
plus pacifiques. C'était l'esprit d'Haüy, qui, un
jour où ses élèves avaient, eux aussi, pris
quelque velléité d'émancipation, prétendant
secouer le joug tout paternel de leur maître,
parut au milieu de ces enfants mutinés, un
La Fontaine à la main, et rétablit l'ordre en
leur lisant une fable qui s'appliquait à la circonstance. Les plus grands comprirent, et tout
rentra dans l'ordre.

Notice historique sur l'établissement des jeunes aveugles (p. 6),
imprimée aux Quinze-Vingts, par M. Gaillod, ancien élève de
feu M. Haüy, inventeur des procédés employés pour l'éducation des aveugles. Paris, 1828.

CHAPITRE IV

HAÜY THÉOPHILANTHROPE

Doux et conciliant, Haüy se faisait des amis, qu'il savait intéresser à son œuvre. Le grammairien-poète Fabre d'Olivet écrivait sur les aveugles des vers pleins de sensibilité qui faisaient les délices des lecteurs des Almanachs des *Muses*, de *Flore*, des *Philanthropes*, et d'autres recueils à la mode.

Un des Directeurs, La Revellière-Lépeaux était l'avocat des aveugles près les pouvoirs publics. Le désir de complaire à ce patron haut placé, et peut-être aussi l'attrait de cette doctrine douce et honnête, attirèrent Valentin Haüy dans les rangs des théophilanthropes. Ce fut même l'école naissante des aveugles qui servit de berceau à la secte nouvelle.

Le 16 décembre 1796, sur la demande de La

Revellière-Lépeaux, les premiers fidèles se réunirent dans la salle principale [1] de l'Institution nationale des Aveugles-Travailleurs, 34, rue Denis, près de celle des Lombards (autrement dit petit hôpital Sainte-Catherine ou encore des Catherinettes). On avait mis au milieu de ce temple improvisé une table [2] sur laquelle des bouquets de fleurs et d'épis symbolisaient *la création et le mouvement végétal.*

J.-B. Chemin Dupontès, véritable inventeur du culte [3] dont La Revellière ne fut que l'apôtre le plus ardent et le plus célèbre, exposa le but et les dogmes de la nouvelle religion : « Plusieurs pères de famille, dit-il, persuadés que les prin-

1. Le petit hôpital Sainte-Catherine avait servi d'hospitalité de nuit pour les femmes, alors dans les salles du rez-de-chaussée. Il y avait 16 grands lits, dans chacun desquels 4 personnes pouvaient coucher. Le règlement accordait 3 nuits aux pensionnaires, qui recevaient un souper; Valentin Haüy s'y installa dans le commencement de l'an III. (Tenon, *Mémoire sur les hôpitaux,* 1788, p. 21.)

2. PRUDHOMME, *Histoire impartiale des révolutions,* t. II, pp. 75-76 : description de la première réunion théophilanthropique tenue chez les Aveugles-Travailleurs.

3. « Chemin Dupontès voyant Chaumette et Robespierre morts, et en qualité de *philosophe* abhorrant d'ailleurs le christianisme, la fantaisie lui vint d'inventer aussi une religion, et il publia, au mois de septembre 1796, un livre intitulé : *Manuel des théophilanthrophiles.* Voy. l'histoire des commencements de cette religion dans l'*Année religieuse* des théophilanthropes, par Chemin, 4 vol. in-18. t. Ier, pp. 5 et 6.

cipes religieux sont la seule base d'une bonne
éducation, le seul frein des crimes secrets, la
meilleure consolation dans l'adversité, l'encou-
ragement le plus efficace à l'accomplissement
de tous les devoirs, se sont réunis pour chercher le moyen de soustraire leurs enfants au
danger de l'irréligion. Ils ont· considéré que
les cultes mystérieux ont beaucoup d'adver-
saires, que la plupart des jeunes gens élevés
dans ces sortes de cultes ne résistent pas, lorsqu'ils sont lancés dans le monde, aux nombreux
arguments par lesquels on les attaque, et que,
souvent en renonçant aux mystères, ils oublient
en même temps et la religion et la morale.

« Ils ont pensé que le plus sûr parti était
d'inculquer à leurs enfants les principes de la
religion naturelle, qu'aucun homme ne peut
attaquer à moins qu'il ne soit insensé ou tout
à fait corrompu.

« Nous croyons à l'existence de Dieu, à l'immortalité de l'âme. Adorez Dieu, chérissez vos
semblables, rendez-vous utile à la patrie. Le
bien est tout ce qui tend à conserver l'homme
ou à le perfectionner, le mal est tout ce qui
tend à le détruire ou à le détériorer. Enfants,
honorez vos pères et mères, obéissez-leur avec
affection, soulagez leur vieillesse. Pères et

mères, instruisez vos enfants; femmes, voyez
dans vos maris les chefs de vos maisons;
maris, aimez vos femmes et rendez-vous réci-
proquement heureux. »

Ce qu'ayant dit, Chemin entonna l'hymne
de Désorgues à l'*Etre Suprême* (il avait déjà
servi pour la fête du 8 juin 1794) : « Père de
l'univers, suprême intelligence, bienfaiteur
ignoré des aveugles mortels [1]..... » La musique, assez majestueuse, avait été composée,
cela va sans dire, par Gossec, le musicien ordinaire de la Révolution. Cette mélodie avait de
la majesté, et, chantée par les assistants,
accompagnée par l'orchestre des aveugles, elle
produisit un grand effet. Plusieurs réunions se
tinrent encore aux *Aveugles-Travailleurs*, ce qui
faisait dire à Mme Permon, la spirituelle mère
de la non moins spirituelle duchesse d'Abrantès : « L'établissement ne change pas de destination, les gens qui s'y réunissent sont de vrais
Quinze-Vingts » [2]. Mais bien vite La Revel-

1. Voy. « Principes fondamentaux de la religion des théophilanthropes ou adorateurs de Dieu et amis des hommes,
contenant l'exposition de leur morale et de leurs pratiques
religieuses, avec une instruction sur l'organisation et la célé-
bration du culte ». A Rouen, au bureau de la Vedette et de
l'Imprimerie de V. Guilbert et Herment, rue Nationale, em-
placement des Cordeliers, an VI (1798).
2. *Mémoires* de la duchesse d'Abrantès, t. VI, p. 35. Et un

lière prit de l'ambition pour la religion dont
il était grand prêtre ; on prétend que son
cœur était absolument rempli par deux ami-
tiés : Chemin Dupontès et André Thuin, et
son esprit absorbé par deux pensées : la ména-
gerie du Jardin des Plantes et la théophilanthropie. Il convoita de plus vastes temples et
se fit concéder l'usage exclusif de quelques
églises : Saint-Jacques du Haut-Pas, Saint-
Gervais et Saint-Thomas-d'Aquin (dédié à Bernardin de Saint-Pierre). *Saint-Sulpice, temple
de la Victoire*, fut la paroisse de Valentin Haüy,
et il y officiait à son tour. Dans la *religion
naturelle*, les pères de famille étaient les seuls
prêtres, et le 10 messidor an VII *l'instituteur national des Aveugles-Travailleurs*, revêtu
du costume liturgique : tunique bleu céleste,
prenant depuis le col jusqu'aux pieds avec cein-
ture rose, et robe blanche par-dessus, ouverte
par devant [1], montait en chaire pour défendre

anonyme, trop sévère assurément pour cet excellent Valentin
Haüy, publiait les vers suivants :

Ce grand voyant aveugle-né,
Qui pourra le guérir et l'éclairer lui-même?
L'unique médecin que Dieu nous ait donné
            Est son Fils incarné,
            Et cet aveugle blasphème!
            Et cet aveugle illuminé
Instruit maint autre aveugle à lui dire : Anathème!

1. *Rituel des adorateurs de Dieu et amis des hommes*, p. 4 : —

*la religion naturelle des imputations qui lui
sont faites* [1].

On se moquait beaucoup de la théophilanthropie. « Ce qu'elle enseigne ne serait pas
mal, disait-on, si l'Évangile n'avait enseigné
les mêmes choses, et même beaucoup mieux,
1797 ans plus tôt. » Le général Bonaparte
était moins que favorable à la théophilanthropie, qu'il appelait « une religion en robe
de chambre », et aux théophilanthropes, théophilanthrophiles ou adorateurs de Dieu et
amis des hommes, qu'il taxait irrévérencieu-
sement de « comédiens ».

Il faut avouer que, dans la prétendue religion
naturelle, tout était à la fois théâtral, décla-
matoire et anodin; c'était bien un produit de
l'époque. Le caustique Talleyrand conseillait à

La Revellière aimait les costumes bigarrés; il demandait, dans
le *Moniteur* du 7 décembre 1790, que les gardes nationaux
fussent habillés de blanc, de bleu et de rouge, et qu'on écrivît
ces mots sur la partie *la plus apparente de leurs habits* : Cons-
titution, liberté, égalité; et au-dessous : *Veillez!*

1. Haüy invitait un ami par le billet suivant : « Au citoyen
Monsaldy, graveur, rue de Molière, n° 2, près l'Odéon, maison
du Café, au cinquième. Haüy salue le citoyen Monsaldy et
présente son respect à Madame. Il l'invite à aller aujourd'hui
au *Temple de la Victoire* (Saint-Sulpice), à midi, l'entendre
défendre la *Religion naturelle* des imputations qui lui sont
faites. S'il peut y conduire quelques amis, quelques dames,
cela ne ferait pas mal. Ce 10 messidor an VII. » (*Lettres et
papiers inédits.*)

La Revellière-Lépeaux de se faire crucifier, pour dramatiser la chose et pour lui donner de la consistance, mais celui-ci n'avait aucun goût pour le martyre ; il préférait comprendre son rôle d'apôtre à un autre point de vue.

Tandis que Chemin Dupontès compilait Confucius, Zoroastre, Socrate, Aristote, Sénèque, La Bruyère, Fénelon, Voltaire, Rousseau, etc., etc., pour composer le *livre d'heures* des théophilanthrophiles, passablement rêveur et baroque, La Revellière imaginait un rituel, faisait des prescriptions d'une sensibilité, d'un symbolisme qui aujourd'hui nous semblent du meilleur comique.

Pour les mariages, « les époux paraissent près de l'autel ; ils sont entrelacés de rubans ou de fleurs dont les extrémités sont tenues de chaque côté des époux par les anciens de leurs familles..... Le chef de famille doit engager les époux et les pères, attendu qu'ils ont l'espérance de revivre dans leur postérité, à s'occuper du bonheur des générations futures. Il les invite à remplir ce devoir sacré soit en plantant quelques arbres, soit en greffant sur de jeunes sauvageons, dans les bois, des branches à fruits qui puissent un jour apaiser la faim ou la soif du voyageur égaré. » Prescription tou-

chante, qui inspirait au graveur Monsaldy une
estampe au pointillé dont Haüy s'occupa beaucoup et qu'il décrit ainsi : « Théophile Ever-
gète, ayant passé sa vie à faire du bien, et
voulant être utile même après sa mort, imagina
l'ingénieux moyen de conduire un ruisseau
loin de sa source dans l'endroit le plus aride
du pays, que le consul Bonaparte illustra par
ses victoires, et y éleva une fontaine qu'il
ombragea d'un arbre fruitier où le voyageur,
venant se désaltérer, trouvait tout à la fois le
repos, l'ombre et la nourriture près du tom-
beau de ce philosophe [1]. » Cette estampe, c'est
toujours Valentin Haüy qui nous l'apprend,
joua un rôle dans son culte domestique. « Je
m'empresse de faire part au citoyen Monsaldy
de l'effet que son tableau a fait au sein de ma
famille décadi dernier, à l'exercice de la religion naturelle. Je l'avais placé devant un autel
chargé de fleurs; j'ai lu l'inscription à mes
enfants, elle m'a servi de texte pour improviser
un petit discours sur la bienfaisance et, de là,
sur la reconnaissance dont nous célébrions la
fête. La vue de cet acte perpétuel leur a fait
verser des larmes [2]. »

1. *Lettres et papiers inédits.*
2. *Lettre* du 13 prairial an VII.

Des fleurs, toujours des fleurs... Le 10 floréal an VI, les théophilanthropes étaient invités à attacher « une fleur à l'urne de la fille du citoyen Haüy, morte à l'âge de quatorze ans, et à prier le créateur de la recevoir dans son sein [1] ».

On se réunissait dans le temple, où le cérémonial suivant était observé. Sur un tableau, cette inscription : « La mort est le commencement de l'immortalité »; devant l'autel, une urne ombragée de fleurs. Le chef de famille dit : « La mort a frappé un de nos semblables. » Il ajoute, si le décédé était en âge de raison : « Conservons le souvenir de ses vertus et oublions ses fautes; que cet événement soit pour nous un avis d'être toujours prêts à paraître devant le juge suprême de nos actions. » Et le chef de famille fait quelques réflexions sur la brièveté de la vie, l'immortalité de l'âme, etc. [2].

La théophilanthropie et les théophilanthro-

---

1. Voy. *la Paix et l'Union entre les Français*, cité par l'abbé Grégoire dans son *Histoire des sectes religieuses*, t. 1, p. 395.
2. Ce rite rappelait celui que Chaumette avait fait adopter par la Commune en 1793. (Arrêté de la Commune du 21 novembre 1793. Voy. le *Moniteur* du 23 novembre 1793.) La *section de l'Homme-Armé* ayant protesté contre l'abandon scandaleux avec lequel on déposait les morts dans les cimetières, la Commune ordonna qu'ils seraient inhumés avec un drap tricolore et qu'il serait porté devant la bière une espèce de fanon sur lequel serait écrit : « L'homme juste ne meurt jamais, il vit dans la mémoire de ses concitoyens! »

pes, ridiculisés par les gens d'esprit, délais-
sés par le populaire, qui se précipitait dans les
églises rendues au culte catholique, étaient
tenus en très petite estime, on le sait, par le
premier consul : il n'aimait ni les rêveurs ni les
faiseurs de phrases ; aussi, le 4 octobre 1801, les
églises furent définitivement retirées aux théophilanthropes. Valentin Haüy s'était trop compromis, et Napoléon ne crut probablement pas
à l'avenir de l'œuvre des Aveugles-Travailleurs,
qu'il voyait entre les mains d'un théophilan-
throphile. Sur un rapport de Chaptal [1], les
Aveugles-Travailleurs furent, le 4 janvier 1801,
réunis aux Quinze-Vingts [2].

C'était annuler l'école que de la confondre
avec un hospice qu'elle avait précisément pour
but de rendre inutile, au moins pour quelques
aveugles. Haüy dut se retirer avec un *traitement de retraite* de 2000 fr.

L'homme tombé à la mer qui, après avoir
nagé avec rage, luttant d'un seul bras, l'autre

1. On voit, par le rapport de Chaptal au premier consul, que
l'intention du gouvernement n'était point d'annuler l'école
fondée par Haüy, mais il voulait la combiner avec les Quinze-
Vingts, croyant à tort que les deux établissements auraient
avantage à être réunis. J'espère un jour publier ce rapport
de Chaptal.

2. L'arrêté est signé par Chaptal, ministre de l'Intérieur, et
daté du 28 pluviôse an X.

élevant à main tendue le manuscrit où il a mis
toute sa pensée, touche au bord et le voit
emporté par une dernière vague, me représente
tout à fait la situation de Valentin Haüy
en 1801.

Par un effort suprême d'industrie, de souplesse et de privations, il a conservé à travers
la Révolution l'œuvre de son âme, et c'est au
moment où tout se réorganise qu'il la voit
anéantie. Ses élèves, instruits avec amour, afin
qu'ils puissent devenir des *hommes* pensants
et agissants, sont aux Quinze-Vingts, ou oisifs,
ou condamnés du matin au soir à filer mécani-
quement de la laine. Lui, encore jeune (cin-
quante-six ans), est mis à la retraite. Privé du
concours de la bienfaisance officielle, Valentin
Haüy ne se découragea pas; il croyait, et ceux
qui croient agissent toujours.

CHAPITRE V

LA MAISON SAINTE-AVOYE — VOYAGE EN RUSSIE

Il fonda donc, rue Sainte-Avoye (février 1802), le *Musée des aveugles* : c'était une maison d'éducation qui reçut surtout des aveugles aisés, français et étrangers [1]. L'école fit quelques bons élèves, mais de détestables affaires : rarement les novateurs sont habiles financiers. Tous les étrangers de marque passant à Paris visitaient la petite maison de la rue Sainte-Avoye.

---

1. Dans un prospectus publié par Valentin Haüy, intitulé HUMANITÉ, *Création d'un nouvel hospice particulier des Aveugles-Travailleurs*, on lit ceci : « L'établissement sera divisé en deux sections. La première, pour les susdits enfants aveugles au-dessous de sept ans, sera soignée dans une maison appartenant à Mme Haüy, sise à Chatou, près Nanterre, à un myriamètre environ de Paris. La seconde section, destinée à des aveugles plus âgés et qui n'auraient pu être admis à l'Établissement national, sera instruite dans une maison située à peu près au centre de Paris, aux mêmes conditions ci-dessus détaillées pour les jeunes enfants. »

L'empereur de Russie Alexandre Ier, peut-être
plus encore l'Impératrice mère, renseignés par
leurs correspondants spéciaux sur toutes les
créations utiles, eurent la fantaisie d'avoir l'instituteur des aveugles à Saint-Pétersbourg, pour
y établir une école. Valentin Haüy accepta, et
de longues négociations furent entamées. Il
disait à l'intermédiaire : « Vous savez, monsieur, que je ne suis pas fortuné. Le temple
que j'ai eu la douce consolation d'élever à l'humanité disgraciée de la nature a absorbé toutes
mes facultés. » C'était bien ; il essaya même
(influencé sans doute par un ami positif) de for-
muler quelques chiffres [1], mais, la générosité
reprenant l'avantage, il finissait en disant « qu'il
se repose sur la justice et la générosité si connues de Sa Majesté Impériale du soin de récom-
penser un homme qui aura porté dans ses États
une découverte bien chère sans doute au cœur
de cet illustre souverain : elle a pour objet
tout à la fois le progrès des sciences et des arts
et le soulagement de l'humanité ». Confiance
naïve, touchant abandon, imprudent même avec

---

1. Il demandait un traitement annuel d'au moins 4000 roubles, plus, durant son séjour à Saint-Pétersbourg, un logement
meublé, l'éclairage et le chauffage, et 2000 roubles de frais de
voyage. — *Rapport* cité par le docteur Skrébitzki dans sa brochure : *Valentin Haüy à Saint-Pétersbourg*, p. 12. Paris, 1884.

l'empereur de toutes les Russies; on le lui fit bien voir [1].

Enfin en 1806, après quatre ans de pourparlers, il partit [2] avec sa femme, son fils, et Fournier, son élève aveugle de prédilection. L'absence ne devait être que d'un an.

Sur sa route, Haüy fit beaucoup de stations : les princes qui se piquaient de philanthropie voulaient voir le maître des aveugles. Le roi de Prusse, par lettre autographe, l'invita à Charlottenbourg; partout on lui fit fête; l'Académie des sciences de Berlin le pria d'assister à ses séances, et, résultat pratique, un vrai philanthrope, Zeune, fonda une école d'aveugles d'après ses conseils.

De Berlin, on alla à Mittau; le comte de Provence reçut parfaitement Valentin Haüy (7 septembre 1806), qu'il se souvenait d'avoir vu à Versailles, vingt ans plus tôt, dans des circonstances bien différentes. Sur cette fameuse table

1. Correspondance avec Lauzier, citée par le docteur Skrébitzki dans sa brochure intitulée : *Valentin Haüy à Saint-Pétersbourg,* p. 15.
2. Valentin Haüy fut suppléé pendant quelque temps comme directeur du musée des Aveugles par un nommé Heilmann. Nous ne connaissons de ce dernier qu'un prospectus en français et en allemand, dont on peut encore lire le texte à la bibliothèque Carnavalet. (*Recueil général,* série 131.) On y voit qu'Heilmann avait l'intention de publier une revue spéciale en allemand.

de bois blanc, où fut écrite, dit-on, la Charte de 1814, table qui eut l'honneur d'être apportée aux Tuileries dans le cabinet de travail de Louis XVIII, Fournier traça au crayon cette phrase aimable qui se trouva prophétique et qui, dans tous les cas, était très habile : « Ce sera sous le règne de Louis XVIII que l'Institution des Aveugles arrivera à la perfection. » Le comte de Provence répondit qu'il avait constamment suivi par les journaux les travaux d'Haüy et que, dans quelque circonstance qu'il puisse se trouver, il n'oublierait pas son œuvre [1].

L'arrivée à Saint-Pétersbourg [2] se fit sous les meilleurs auspices : tout marcha à souhait pendant quelque temps ; la haute société russe se montra très empressée à voir Haüy et son élève ; on pouvait croire à un grand mouvement en faveur des aveugles ; ce ne fut qu'un engouement de mode. Haüy, promptement oublié, res-

1. Lettre au duc de Richelieu du 2 avril 1817 (écrite de Russie). Voy. lettres inédites de Valentin Haüy possédées par la *Bibliothèque Valentin-Haüy*.
2. Le docteur Skrébitzki, qui a étudié avec tant de soin le séjour de Valentin Haüy en Russie, nous dit qu'il arriva à Saint-Pétersbourg le 9 septembre 1806. Il est donc probable que Valentin Haüy aura fait une petite erreur en disant au duc de Richelieu que c'est le 7 septembre qu'il visita Louis XVIII à Mittau, cette ville étant à 600 kilomètres de Saint-Pétersbourg.

tait à l'hôtel [1] ; le local promis n'arrivait pas,
et, mieux encore, il ne pouvait même pas
obtenir des élèves. Les enquêteurs officiels
répondaient imperturbablement qu'il n'y avait
pas d'aveugles en Russie...

Tous les ennuis, toutes les tracasseries
qu'Haüy subit alors feraient un volume ; ils
étaient de tous genres ; il y eut même des
créanciers du musée des Aveugles (gens assurément peu philanthropes) qui envoyèrent leurs
traites jusqu'à Saint-Pétersbourg et firent mettre
arrêt sur une portion du traitement d'Haüy.
Puis, grâce à la bureaucratie russe, cette retenue se continua pendant six ans, quoique
après deux ans Valentin Haüy eût présenté
toutes les quittances en règle.

Quand des élèves et un local furent venus,
la série des jalousies [2], des dénonciations

1. Hôtel du Nord, 4, rue des Officiers.
2. Un certain Bouchoueff qu'on destinait à lui succéder,
homme vaniteux et indolent, semble-t-il, lui occasionna bien
des ennuis et lui fit noircir bien du papier. Voici un fragment
de lettre retrouvée par le docteur Skrébitzki : « Pour que
M. Bouchoueff puisse se rendre capable de me succéder, il
faut qu'il se rende bien compte à quel prix j'ai réussi en
France et à quelles conditions j'espère réussir ici :
« Né avec l'amour du travail, je consacre à mon entreprise
toutes mes journées depuis environ 5 à 6 heures du matin,
jusqu'à 10, 11 heures du soir ; que, père de famille, je préfère
les attraits de l'intérieur de mon ménage et de ma tâche
honorable aux plaisirs du dehors, que toutefois je ne con-

commença; cependant on sait si Haüy était
inoffensif [1]. Une audience du czar, demandée
dès son arrivée en Russie (13 septembre 1806),
fut attendue longtemps, et il n'est même pas
bien sûr qu'il l'ait jamais obtenue. Cependant
son séjour fut de onze ans; le chagrin finissait
par déborder, comme on le voit dans cette page
d'un mémoire : « C'est lorsque je sacrifie encore
mes veilles à une autre opération d'une utilité
plus générale (il faisait allusion à un télégra-
phe de son invention) que je suis abreuvé de
dégoûts et d'humiliations. O bon Alexandre!
O vous, ses dignes ministres! O brave nation
russe! vous ignorez que l'amour-propre d'un
jeune homme qui s'est vanté de posséder des
talents, qu'il n'a encore rien fait pour acquérir,
est cause de l'accueil injuste que reçoit sur
votre terre hospitalière un vieillard qu'on a
daigné mettre quelquefois au nombre des ser-

damne pas chez les autres. Il faut lui dire souvent qu'un instituteur d'aveugles doit être un grand travailleur et aussi doué
d'énergie au physique qu'au moral. »

1. Voici ce qu'il écrivait avant son départ de Paris le
3 avril 1806 : « Quelque peu informé que vous soyez de mes
débats avec quiconque a voulu, je ne dirai pas *se battre avec
moi*, mais bien *me battre*, vous avez dû voir que j'ai constamment opposé un bouclier garni de velours et que, choisissant
des flèches émoussées (puisqu'on me forçait à me défendre),
j'ai eu soin de ne les lancer que bien loin de l'endroit d'où
partaient les coups dirigés contre moi... »

viteurs de l'humanité souffrante, et qui n'est venu ici que pour la consoler, à la voix du souverain [1]. »

Tandis que la force d'inertie de l'administration russe lassait la constance d'Haüy, la prédiction de Fournier s'était réalisée. Le comte de Provence, devenu Louis XVIII, avait réorganisé l'Institution royale des Jeunes-Aveugles [2].

1. Cité par le docteur Skrébitzki.
2. Décret du 8 février 1815. A la même époque, refus du ministre de l'Intérieur de rappeler Valentin Haüy de Russie pour le remettre à la tête de l'institution. C'est alors qu'on nomma directeur un médecin très remuant, le Dr Guillé.

CHAPITRE VI

DERNIÈRES ANNÉES

Vieux et infirme, Haüy voulut mourir en France; il quitta Pétersbourg en 1817, emportant comme tout dédommagement la décoration de *Saint-Vladimir* (4ᵉ classe). Ce fut au Jardin du Roi (Jardin des Plantes) qu'il se retira, dans le modeste logement de son frère, l'abbé Haüy, toujours minéralogiste, toujours saint prêtre, qui depuis 1784 n'avait rien changé à sa vie, pas même l'heure de ses repas..... Cette existence calme à travers la Révolution est un phénomène des plus curieux [1].

1. Après le 10 août, « fort peu au courant, dans sa vie solitaire, de ce qui se passait autour de lui, il voit un jour avec surprise des hommes grossiers entrer violemment dans son modeste réduit. On commence par lui demander s'il n'a point d'armes à feu. « Je n'en ai d'autre que celle-ci », dit-il, en tirant une étincelle de sa machine électrique, et ce trait désarme un instant ces horribles personnages; mais il ne les

L'ancien séminaire Saint-Firmin, 68, rue
Saint-Victor, avait été affecté à l'Institution
royale des Jeunes-Aveugles; c'était proche du
Jardin des Plantes; mais tout d'abord le directeur, plus soucieux de se faire passer pour un
grand homme que d'honorer le vrai fondateur
de son établissement, tint à Haüy porte close,
insinuant « qu'il avait donné dans la Révolution ». Quant à moi, écrivait Valentin Haüy à
Fournier [1] le 28 février 1818, je continue d'en
rire pour ce qui me regarde, et je vois bien

désarme que pour un instant : on se saisit de ses papiers,
où il n'y avait que des formules d'algèbre; on culbute cette
collection qui était sa seule propriété; enfin on le confine
avec tous les prêtres et les régents de cette partie de Paris
dans le séminaire de Saint-Firmin, qui était contigu au *Cardinal-Lemoine* et dont on venait de faire une prison. Cellule
pour cellule, il n'y trouvait pas trop de différence; tran-
quillisé surtout en se voyant au milieu de beaucoup de ses
amis, il ne prend d'autre soin que de se faire apporter ses
tiroirs et de tâcher de remettre ses cristaux en ordre. »
Ses amis et son élève Geoffroy tâchèrent d'obtenir son
élargissement; mais il était si tranquille qu'il ne voulut sortir
que le lendemain matin, et encore il fallut l'emmener. Le
surlendemain commencèrent les massacres de septembre
(le 2). Pendant la Révolution, on ne l'inquiéta plus : il parut
une seule fois dans les rangs de son bataillon de quartier;
mais il fut tout de suite renvoyé à cause de sa mauvaise
mine. Il osa et put impunément écrire pour la défense de
Lavoisier, membre de la Commission des poids et mesures,
dont Borda était président, et l'abbé Haüy secrétaire (28 fri-
maire an II). (*Éloge de l'abbé Haüy,* par Cuvier, cité plus
haut.) Curieuse coïncidence : c'est au séminaire Saint-Firmin
qu'en 1815 on réorganisa l'institution des Jeunes-Aveugles.
    1. Lettres inédites.

que si quelqu'un a des bontés pour moi après ma mort, il pourra graver sur ma tombe ces paroles qui terminent la vie de saint Athanase, qui, ainsi que moi, avait été forcé de se retirer sur une terre étrangère : « Il éprouva tout le reste de sa vie que le méchant ne pardonne jamais à sa victime de n'avoir pas succombé sous ses premiers coups. »

Heureusement les aveugles des Quinze-Vingts étaient indépendants ; un certain nombre d'entre eux avaient été élèves d'Haüy avant 1801 ; ceux-là fêtèrent le retour de leur maître, et souvent ils vinrent le visiter au Jardin du Roi ; souvent aussi aux Quinze-Vingts ils recevaient leur bienfaiteur.

Mais rien ne dure, pas même les injustices. En mars 1821, un homme de cœur fut mis à la tête de l'Institution ; le docteur Pignier, plus royaliste, plus catholique que son prédécesseur, ne se demanda pas si le père des aveugles avait eu tort ou raison de traverser la Révolution comme il l'avait fait ; il pensa sans doute que, quand le navire sombre, on voit mal la couleur du canot où l'on se jette pour se sauver.

La famille des aveugles était définitivement à l'abri ; elle habitait une nouvelle demeure ; il fallait que le père s'assît au foyer, au moins un

jour, pour que cette nouvelle maison redevînt
la maison paternelle d'autrefois. Le 21 août
1821 fut choisi. Haüy se rendit rue Saint-
Victor, où une fête était préparée ; toute l'Institution y prit part. L'orchestre et les chœurs
exécutèrent la cantate composée par Huart et
par Gossec pour la première Saint-Valentin
célébrée dans l'école, le 13 février 1788. Après
ces vers :

> Amis, qu'à jamais on vénère
> Les talents et le nom de notre Instituteur ;
> De la nature, en nous, il corrigea l'erreur ;
> Et son génie ardent nous tient lieu de lumière.
> O mortel généreux, qui nous rends l'existence,
> Nous célébrons ton zèle et tes bienfaits.
> Tu soumis la nature à ton obéissance,
> En lui dérobant ses secrets [1].

Le vieillard, accablé par l'émotion, ne put
dire que ces simples et bien touchantes paroles :
« Mes chers enfants, c'est Dieu qui a tout fait. »
Rentré chez lui ce soir-là, je suis sûr que
Haüy trouva sa cellule plus grande, plus ra-
dieuse que de coutume, car les rayons qui poé-
tisent la vie ont leur foyer dans le cœur.

---

1. *Chœur chanté à la fête de M. Haüy*, paroles d'Huart, musique de Gossec, cité par Gaillod.

Les forces du vieillard déclinèrent rapidement; il écrivait en novembre [1] : « O vous qui
êtes au nombre de mes consolateurs! recevez
de nouveau ce titre, j'ai plus besoin que jamais
de vous le continuer, je suis décidément paralytique! Des cordes sont tendues de tous côtés
le long de ma cellule d'anachorète, soit pour
m'empêcher de tomber par terre, soit pour
m'aider à m'y ramasser. Cependant, la fenêtre
de mon domicile ouverte, je remercie Dieu de
ce qu'à la fin de mes jours il permet que je
loge chez *mon bon frère, l'abbé Haüy,* consolé
comme je le suis par les soins de *ma bonne
fille, dans le voisinage de l'Institution royale
des Jeunes-Aveugles,* ainsi que j'en ai témoi-
gné le désir et l'espoir dans les premiers jours
de mai 1817 à M. le comte de Noailles, votre
ambassadeur à Saint-Pétersbourg..... Presque
toutes mes facultés physiques sont tellement
paralysées, qu'à table avec ma fille et mon
gendre, je ne puis les entendre parler.

« Le soir, à la compagnie de mon frère, ce
qui est un devoir pour moi, quand je réussis

---

1. Ce mardi 4 novembre 1821, fête de Sainte-Barbe ; de chez
M. l'abbé Haüy, membre de l'Académie des sciences. Au
Jardin du Roi. A Monsieur Dejean, inspecteur des travaux
des jeunes élèves de l'Institution royale des Aveugles, n° 68.
à Saint-Firmin, rue Saint-Victor.

à attraper quelques mots, je ne puis les comprendre ; j'ai peine à déchiffrer mon écriture,
comment est-on assez heureux pour la lire ; ma
mâchoire devient si épaisse que je ne puis plus
prononcer librement. Ah! si je pouvais marcher, me traîner seulement, comme j'irais tous
les jours passer trois ou quatre heures à Saint-
Firmin dans votre imprimerie ; là, je corrigerais
les épreuves de nos malheureux et intéressants
enfants! mais ni gloire, ni fortune, je ne voudrais pas vous être à charge [1]. »

Il s'éteignit paisiblement entre les bras de
son frère le 19 mars 1822. Mourant non en
théophilanthrope , cela était oublié depuis
longtemps, mais tout simplement en chrétien, assisté par le curé de Saint-Médard, sa
paroisse.

---

1. Et le 10 décembre : « L'un de mes chers *consolateurs!*
je dis l'un. parce que parmi les *voyants,* vous êtes plusieurs,
d'abord M. Pignier, *Marjolin,* Guénard, etc., etc., plus les filles,
toutes, afin de ne pas réveiller la jalousie.

« Mon cher Consolateur voyant, je vous demande pardon du
chiffon de papier sur lequel je vous ai invité hier à me venir
voir. Tout *voyant* que je suis, de plus paralytique, je n'ai
pu montrer du bout de l'index au consolateur Guénard le
papier blanc en feuille, trop loin de moi, parce qu'il n'y voit
goutte. Venez donc, je vous montrerai que je travaille pour
votre institution royale nuit et jour. Je veux qu'il soit question de vous tous dans la nouvelle édition qui va paraître
des *Tableaux de Paris.* Adieu. je vous embrasse tous. Votre
vieux grigou paralytique. — V. Haüy. »

Telle est, à grands traits, la vie de Valentin Haüy. Un jour où on lui parlait de son œuvre, on la comparait à celle de l'abbé de l'Épée; il se récria, disant : « L'Abbé de l'Épée est un créateur d'âmes, moi je ne suis qu'un inventeur de lunettes [1]. » C'était charmant, mais trop modeste. Valentin Haüy est plus, et beaucoup plus qu'inventeur : il est apôtre. Sa véritable invention fut celle de la typographie en relief, qu'il imagina et réalisa pratiquement; mais il crut à la possibilité de rendre à la vie active et utile des milliers d'aveugles. Son idée peut-être n'était pas absolument originale, mais qu'importe? sa foi fut très grande. Elle me suffit pour le proclamer un grand homme.

Est-ce paradoxal? Je crois que ce qui fait la grandeur de l'homme est plus encore la force de conviction et de volonté que la pénétration extraordinaire de l'esprit. Puis, en définitive, il est rare que quelque chose de nouveau, quelque chose de grand, pénètre dans le monde sans l'intervention d'un homme de valeur. Que cet homme, dont le nom reste

---

[1]. Haüy se souvenait peut-être de cette expression de *la Logique de Port-Royal :* « Les yeux sont des lunettes taillées de la main de Dieu. » (*Logique de Port-Royal,* 4e partie, chap. 1er.)

attaché à l'œuvre, n'en ait pas cependant le
mérite exclusif; que l'influence du temps où il
est né, du milieu où il a vécu, ait eu son
rôle important et même prépondérant, soit;
qu'à l'heure où se fait une grande découverte,
où se réalise un grand progrès, une sagace critique puisse en montrer les éléments dans les
esprits des contemporains, je le veux bien; que
Newton ait été la résultante de Képler, Gas-
sendi, Leibniz; et saint Vincent de Paul de
saint François de Sales, du cardinal de Bérulle,
d'Olier et d'une pléiade d'hommes bienfaisants
du commencement de la Fronde [1], j'y consens
encore. Il n'en est pas moins évident qu'il
faut de temps à autre une intelligence de plus
vaste envergure que celle des contemporains
pour faire une synthèse là où les autres n'ont su
qu'analyser, puis une volonté d'une singulière
trempe pour faire admettre l'idée neuve. Les
hommes, pris en masse, adoptent rarement
une vue nouvelle; il est nécessaire de l'imposer.
Il a toujours fallu, il faut encore des intelli-

---

1. De Bernières de Bagnols, Lenain, mère Angélique, Lian-
court de Sévigné, etc. Voy. dans *Port-Royal*, par Sainte-
Beuve, le chapitre intitulé *Charité de Port-Royal* et certaines
pages de M. Alphonse Feillet, qui cherche à prouver que ce
n'est pas saint Vincent de Paul qui eut l'initiative des œuvres
de l'Assistance publique au début des misères de la Fronde.

gences d'élite et des apôtres à chaque étape
de l'humanité, et l'histoire des grandes découvertes, des grands progrès est et restera sans
doute l'histoire des grands hommes.

TROISIÈME PARTIE

LES
ÉCOLES D'AVEUGLES

CHAPITRE PREMIER

PHYSIONOMIE

Quand un visiteur pénètre pour la première fois dans une école d'aveugles, c'est le cœur serré, avec un peu de curiosité, mais beaucoup d'appréhension. Il s'attend à voir une maison triste, obscure et silencieuse; quelque chose de mystérieux, presque de lugubre. Une école d'aveugles doit être sombre, puisque les élèves n'ont pas besoin de lumière; quelques jours de souffrance afin de donner de l'air, soit; à quoi bon de vraies fenêtres avec de vraies vitres, laissant entrer le vrai soleil dont les aveugles n'ont que faire, puisqu'ils ne le voient pas? Ce doit être un établissement triste; comment rire en effet ou même sourire quand on vit toujours avec des enfants si malheureux?

On est donc tenté, en franchissant le seuil,

de baisser la voix, comme lorsqu'on entre dans
un lieu que la mort consacre, un cimetière, la
morgue ou même les remises des pompes funè-
bres. On s'attend à ne rencontrer dans les
couloirs que des ombres d'écoliers se glissant
lentement et silencieusement le long des murs,
cherchant à tâtons leur chemin.

Eh bien, ce n'est pas cela du tout. Une école
d'aveugles est au contraire très éclairée, très
animée, très gaie, parfois même très bruyante,
la suite de ce récit le fera comprendre.

Voici encore un détail topique montrant bien
l'idée que le public se fait d'une école d'aveugles, lorsqu'il s'en fait une. On s'imagine que
vu les soins extraordinairement minutieux
qu'un aveugle est censé exiger à chaque instant de la journée pour se lever, se coucher,
s'habiller, manger et se transporter d'un lieu à
un autre, les écoles spéciales doivent avoir un
prix de pension absolument fantastique, et plus
d'une fois on m'a demandé avec mystère et
précaution, alors que j'étais encore écolier, ce
que pouvait bien coûter la pension à l'Institution de Paris. On supposait que j'allais énoncer
un chiffre énorme laissant loin en arrière les
mémoires que les collèges de clairvoyants dres-
sent à la grande stupeur des parents novices.

Aussi quand je disais que la pension à l'Institution nationale des Jeunes-Aveugles était de 1200 francs tout compris, *absolument tout*, habillement, blanchissage et raccommodage, fournitures scolaires de tout genre, soins à l'infirmerie en cas de maladie, peut-être même inhumation en cas de décès, on en était abasourdi.

J'avais soin d'ajouter que, sans doute, la cotonnade de nos chemises, le drap de notre uniforme, n'avaient rien d'efféminé, et que nos vêtements, généralement très propres, étaient toujours fort simples, grande et petite tenue ; que les menus (c'est surtout ce qui passionne le collégien), dressés pourtant sur une élégante pancarte par notre économe, le modèle du genre, ne ressemblaient en aucune façon à ceux de Bignon, et que la nourriture, toujours saine, — du moins on nous l'affirmait avec une singulière persistance, — n'était pas précisément abondante, chose que nous pouvions constater par nous-mêmes.

Mais tout cela ne parvenait à expliquer que très imparfaitement ce phénomène, et ma conclusion était toujours : « Je vois que vous ne vous faites pas une idée bien précise de ce qu'est une école d'aveugles, et ce qui vous

éclairera mieux que tous mes discours, c'est
d'en visiter une. Venez donc à l'Institution, non
au parloir, me faire une visite de 10 minutes,
ce qui probablement vous ennuierait beaucoup. Venez un mercredi à 1 heure 1/2 ou à
4 heures, vous demanderez le directeur ou son
secrétaire, et très volontiers on vous remettra
une carte rouge portant votre nom. Muni de
ce talisman, vous pourrez passer deux heures à
l'Institution ; l'aimable personnel vous en fera
les honneurs. Vous verrez alors que nous n'exi-
geons pas de soins particuliers, à part l'enseignement spécial. Vous verrez que nous circu-
lons dans toute l'école avec aisance et rapidité, que point n'est besoin d'avoir sans cesse
quelqu'un derrière nous pour nous guider,
que les surveillants s'occupent surtout à punir
les bavards et les batailleurs, car les écoliers
aveugles parlent et se battent comme tous
les écoliers du monde, et que notre préoccupation est plutôt de les fuir que de les
attirer.

Ce que je disais autrefois, je le répète aujour-
d'hui, et j'engage les personnes qui ont eu la
patience de me lire, de faire encore un effort et
d'aller visiter l'école d'aveugles qui se trouve
le plus à leur portée ; tant mieux si c'est celle

du boulevard des Invalides ; car il n'en est pas de plus complète ni de mieux organisée [1].

Les écoles d'aveugles sont, pour la plupart, des écoles professionnelles, c'est-à-dire qu'avec l'éducation physique, morale et intellectuelle, elles s'attachent à rendre l'aveugle capable de gagner sa vie, en lui donnant un bon enseignement professionnel. De là, dans toute école d'aveugles bien comprise, quatre ordres d'enseignement ou d'éducation : physique, morale, intellectuelle et professionnelle.

1. Voici par ordre alphabétique toutes les villes de France et de langue française où se trouvent des établissements d'aveugles : Alençon ; Angers ; Arras ; Bordeaux (9, rue de Marseille) ; Clermont-Ferrand (rue Sainte-Rose) ; Grillaud (près de Nantes) ; Laon ; Larnay (près de Poitiers) ; Lille (131, rue Royale) ; Ronchin-Lille ; Lyon-Vaise ; Lyon (aux Charpennes-Villeurbanne) ; Marseille (en face de la colline P. Puget) ; Montpellier ; Nancy ; Paris (56, boulevard des Invalides) ; Paris (152, rue de Bagnolet) ; Paris (88, rue Denfert-Rochereau) ; Paris (223, rue Lecourbe) ; Saint-Médard-les-Soissons ; Toulouse (26, rue Montplaisir) ; — ouvroirs-ateliers : Illiers (Eure-et-Loir) ; Marseille (2, chemin de la Corniche) ; Paris (1, rue Jacquier) ; Saintes. — Belgique : Bruxelles (Woluwe Saint-Lambert) ; Ghlin-les-Mons ; — Canada : Montréal. — Suisse : Lausanne. — Alsace-Lorraine : Illzach (près de Mulhouse.)

CHAPITRE II

ÉDUCATION PHYSIQUE [1] — ÉDUCATION MORALE

Plus que tout autre, durant son éducation, l'enfant aveugle a besoin de soleil, de grand air et d'exercice. Trop souvent, en effet, le développement naturel de son pauvre petit corps a été contrarié par la maladie, cause ou résultat de la cécité, et plus encore par la sollicitude exagérée de parents moins judicieux que tendres; ou bien par la négligence involontaire d'une famille que le labeur quotidien absorbe. Bref, il faut qu'à l'école l'enfant aveugle regagne le temps perdu, qu'il développe à la fois son intelligence et ses facultés physi-

1. Ce qui va être dit de l'éducation physique, morale, intellectuelle et professionnelle, s'applique aux jeunes filles aussi bien qu'aux jeunes gens. Il y a peu de différence dans leur enseignement; elles sont instruites par les mêmes procédés.

ques. Il faut élargir cette poitrine, donner vigueur et souplesse à ces membres trop frêles, raidis par l'inaction, qui ont poussé seulement en longueur, à la manière des tiges venues dans l'obscurité.

Encore plus que celles des clairvoyants, les écoles d'aveugles bien comprises sont placées dans des situations où elles peuvent être littéralement inondées d'air et de soleil ; elles ont de vastes cours ou jardins, de grands préaux couverts pour les récréations ; de nombreuses fenêtres hautes et larges, par lesquelles, en quelques secondes, des torrents d'oxygène peuvent être introduits dans les classes, les études, les dortoirs, partout enfin où les élèves vivent. A cet égard, le luxe est nécessité ; le suffisant serait misère.

La gymnastique enseignée aux aveugles est celle des clairvoyants. Il est évident qu'on n'a pas la prétention de former des gymnastes émérites et de leur apprendre à exécuter des tours de voltige sur le trapèze ; non, on s'en tient aux exercices recommandés par l'hygiène ; tous les mouvements de bras, de jambes, de troncs ; les haltères, les barres parallèles, les échelles horizontales auxquelles on se pend par les mains ; les échelles dorsales, excellentes

pour relever la poitrine et redresser l'épine du
dos, sont fort en honneur. Comme les aveugles
ne peuvent copier les mouvements du maître,
comme celui-ci doit les démontrer individuel-
lement, pour aller aussi vite qu'avec des clairvoyants, le professeur doit avoir un moins
grand nombre d'élèves à instruire. La surveil-
lance doit être aussi plus minutieuse, surtout
lorsqu'on en arrive aux exercices qui pourraient présenter quelques dangers.

L'enseignement moral dans les écoles d'aveugles m'arrêtera encore moins que l'éducation
physique, parce qu'il est clair qu'il doit être aussi
sérieux, aussi profond, disons le mot, aussi
religieux dans une école d'aveugles que dans
une école de clairvoyants, et cet enseignement
est donné de la même manière à celui qui ne
voit pas qu'à celui qui voit. Il n'y a pas plusieurs morales, il n'y a pas non plus plusieurs
manières de la faire aimer et pratiquer; il faut
pour cela de vrais éducateurs, et grâce à Dieu,
les aveugles n'en ont pas été privés jusqu'ici.

Je me hâte d'arriver à l'enseignement intellectuel et professionnel, qui doit nous occuper
plus longtemps.

CHAPITRE III

ENSEIGNEMENT INTELLECTUEL

En 1826, un observateur véritable qui eût visité l'Institution royale des Jeunes-Aveugles, alors installée dans les bâtiments vieux et noirs de l'ancien séminaire Saint-Firmin, 68, rue Saint-Victor, aurait peut-être distingué de la foule des pensionnaires pressés dans cet étroit local un jeune homme de dix-sept ans, dont l'intelligente et sympathique physionomie portait la précoce empreinte de graves préoccupations. Ce jeune aveugle, c'était *Louis Braille*, et le problème qui tourmentait son intelligence, singulièrement ingénieuse et pénétrante, c'était l'élaboration d'un système de lecture et d'écriture appelé à devenir pour l'aveugle un puissant auxiliaire de son enseignement intellectuel et professionnel.

Même avant Haüy, les aveugles qui ont lu
ou essayé de lire, l'ont fait tout naturellement
avec les doigts; c'est l'index de la main droite
qui sert généralement à cet usage ; souvent
on lui adjoint l'index de la main gauche, qui
contrôle la lecture et, avant la fin d'une ligne,
va se placer au commencement de la ligne
suivante, pour éviter l'interruption que cau-
serait le report du doigt lecteur d'une ligne à
l'autre.

Haüy, on se souvient comment, avait eu
l'idée de produire en relief sur un papier fort
des caractères romains, assez grands pour être
tangibles ; depuis lui, on avait varié la forme
et la dimension de ces caractères, mais toujours en conservant le type vulgaire. Les aveugles lisaient sans doute, mais ils ne pouvaient
tracer cet alphabet des clairvoyants qu'avec
peine et hésitation, de sorte que, dans l'enseignement, les devoirs écrits continuaient à être
composés à l'aide de caractères mobiles et restaient on ne peut plus rudimentaires.

On en était toujours là, lorsque vers 1819
un homme ingénieux, Charles Barbier, officier
d'artillerie, eut l'heureuse idée de combiner des
points (produits sur du papier résistant, à l'aide
d'un poinçon émoussé) de manière à former

36 signes représentant les principaux sons de la langue française. Barbier appelait son système *écriture nocturne*, et il le dédiait aux aveugles et aux personnes arrivées à l'âge mûr sans avoir appris à écrire. C'était une sonographie pouvant rendre des services, mais incapable de satisfaire à tous les besoins d'aveugles lettrés, comme l'étaient Braille et plusieurs de ses condisciples.

Dans l'écriture nocturne, il y avait une idée féconde, Braille le comprit : c'était de prendre le point, non la ligne, comme base du caractère tangible. La ligne est appropriée, en effet, à l'œil, mais pas du tout au doigt, qui s'embarrasse facilement quand cette ligne dessine en relief de petits contours. Le point, au contraire, est toujours clairement tangible, alors même qu'il est fin et rapproché d'autres points. Mais il fallait trouver le vrai mode d'emploi de ces points, en prendre un nombre assez grand pour donner des combinaisons variées, suffisant à fournir des signes pour toutes les exigences de l'orthographe française. Cependant ce nombre devait être restreint, car on aurait eu des signes trop étendus. Braille s'arrêta à 6 points rangés sur deux lignes verticales et dont voici la figure (::).

Ces 6 points peuvent fournir 63 combinaisons, à l'aide desquelles on représente tous les
signes alphabétiques : lettres, accents, ponc-
tuations; tous les chiffres; les signes algébri-
ques; les caractères musicaux et des signes sté-
nographiques. En un mot, le système de Braille
se prête également à la lecture et à l'écriture
des paroles, de la musique, des chiffres et de
la sténographie. Chemin faisant, le jeune inventeur imaginait un appareil, vrai chef-d'œuvre
de simplicité pratique, à l'aide duquel l'aveugle
forme ses signes composés de points avec autant
de rapidité et de sûreté que le clairvoyant trace
ses caractères formés de lignes.

Cet appareil, qui est une tablette à écrire, se
compose d'une plaque de zinc (format in-8°) de
0,002 mm. d'épaisseur, creusée horizontale-
ment de sillons perpendiculaires de vingt-cinq
dix millièmes de largeur. Cette plaque est bor-
dée par un châssis de bois ou de zinc qui y
est fixé par des charnières; les deux montants
du châssis sont percés de trous correspondant
aux sillons de huit en huit; dans ces trous
s'engagent les goujons d'un guide, formé par
une lame de cuivre percée régulièrement de
deux rangées horizontales de rectangles allon-
gés dans le sens vertical; chaque rectangle dans

sa hauteur enferme trois sillons, soit 0,0075 ;
dans sa largeur, il peut contenir deux points
l'un à côté de l'autre, ce qui permet de faire
6 points par rectangle (⠿). Un sillon reste vide
après chaque rangée de rectangles, pour sépa-
rer les rangées ou lignes de signes.

Une feuille de papier un peu fort, comme du
papier à dessin, est placée sur la plaque sillon-
née ; le châssis et des pique-papier la maintien-
nent. Cette tablette et ce poinçon, parfaitement
adaptés aux aptitudes de l'aveugle, sont maniés
par lui avec une rapidité, une sûreté impossi-
bles à atteindre par les autres systèmes ; de
plus, les points manuscrits sont aussi lisibles
que ceux qui sont imprimés.

Je crains d'avoir été bien long en parlant
de Braille et de son invention, mais on me
pardonnera, vu l'immense importance qu'a
ce système et le rôle capital qu'il joue dans
l'instruction et dans la vie des aveugles.

Un fait curieux à noter, c'est que les enfants
aveugles apprennent à lire et surtout à écrire
en moins de temps et avec moins d'efforts que
les enfants clairvoyants, particularité due à la
logique simplicité du système Braille. Après
cet enseignement préliminaire, l'écolier aveugle étudie la grammaire, la littérature, l'his-

toire, etc. Il est toute la journée armé de son poinçon, dont il se sert pour travailler et pour jouer, autant que l'écolier clairvoyant se sert de sa plume.

L'enseignement de la géographie et des mathématiques nécessite, pour être complet et suffisamment rapide, certains appareils spéciaux, assez intéressants. Pour l'arithmétique, indépendamment de la tablette Braille, sur laquelle on peut faire toutes les opérations, il existe divers appareils à calculer, qu'il serait trop long de décrire [1].

Les aveugles sont aussi très exercés à compter mentalement; ce genre de calcul leur est plus utile qu'à qui que ce soit, et souvent ils y acquièrent une promptitude remarquable.

Pour l'enseignement de la géométrie, on se sert d'une collection de figures en relief d'assez grande dimension, composées de lignes coulées et de lignes formées de points. Les lettres nécessaires à la démonstration sont placées là où elles doivent être, comme pour les clairvoyants; seulement ce sont des caractères Braille.

---

1. On peut voir ces appareils et tous ceux qui servent à l'enseignement des aveugles réunis au Musée Valentin Haüy, 14, rue Bertrand, à Paris. S'adresser à M. Guilbeau, conservateur du Musée.

Chaque élève possède un cahier de figures, qui correspond par des numéros avec son rudiment de géométrie, et, en classe, il a toujours sous les doigts la figure que le maître démontre ou fait démontrer ; de là un enseignement facile, clair et rapide. On a également une collection de *solides* en bois, divisibles, et tout un assortiment de mesures du système métrique ; mais dans ces collections, rien de particulier aux aveugles, puisqu'elles sont prises tout simplement à la maison Hachette. Seulement, dans la démonstration, le professeur ne se borne pas à montrer de loin l'objet aux élèves ; il le leur fait manipuler, afin qu'ils se rendent bien compte des formes et des particularités de chaque chose.

La géographie est enseignée à l'aide de cartes en relief, que les élèves ont sous les doigts pendant que le professeur explique la contrée étudiée. Des globes terrestres sont préparés en relief, afin que les aveugles comprennent bien la position relative des diverses parties du monde.

On imprime les cartes tangibles sur papier très fort ; les contours des terres, des mers sont indiqués par des lignes saillantes, coulées ; les cours d'eau, les chemins de fer sont figurés

9

par d'autres traits saillants, lignes coulées, ou
successions de points; l'initiale des principales
villes, capitales, chefs-lieux, etc., est marquée
par des types Braille. A l'aide de cartes semblables, les élèves arrivent aisément à une connaissance exacte de la géographie.

Les lectures à haute voix, si goûtées par les
aveugles, tiennent une place sérieuse dans leur
enseignement. Il n'est pas de moyen plus rapide
de leur faire connaître les chefs-d'œuvre litté-
raires de tous les pays, de toutes les époques
et le détail des événements historiques. Les
relations des grands voyageurs sont aussi inscrites au programme de ces lectures et en augmentent l'attrait.

L'enfant aveugle qui n'a jamais vu un édifice,
une maison, un bœuf, une citrouille, un navire, etc., n'aura de ces choses qu'une idée très
vague si vous vous bornez à lui en faire la description. Monuments, animaux, plantes, etc.,
doivent être mis entre ses mains, afin qu'il se
rende compte de toutes leurs particularités.
Sans doute il est difficile d'introduire dans
une classe la colonne Vendôme, ou même un
éléphant du Jardin des Plantes, mais il existe
des jouets très bien faits qui représentent tout
cela en carton ou en d'autres substances, et l'on

s'en sert pour ce genre d'enseignement. Quand les graines, les fruits, les animaux peuvent être présentés au naturel, vivants, séchés ou empaillés, rien de mieux, car il importe d'être aussi réaliste que possible.

J'ai parlé de la colonne Vendôme. Un organiste aveugle rêvait de connaître la statue qui la surmonte, mais comment y arriver, comment la palper? Quand vint la Commune, et que l'homme de bronze tomba avec le monument sur le fumier de la place Vendôme, notre aveugle se dit qu'il trouvait là une occasion unique de « voir », de palper plutôt le Napoléon connu de tous les Parisiens. Il s'achemina donc vers la place et, au prix de mille difficultés, trouva moyen de rompre les cordons de fédérés et de s'approcher du grand homme étendu. Pendant ce temps, un garde national, qui, par hasard, avait compris ce que voulait l'organiste, se mit en devoir de lui faire un cours d'histoire contemporaine : « Considérez, disait-il, le tyran qui... que... etc. »; mais l'aveugle n'écoutait pas et continuait à palper en tous sens. Depuis lors, il est content : il a « vu » la statue de l'Empereur.

Suivant l'âge des élèves, la leçon de choses devient peu à peu un cours d'histoire naturelle,

enseignement qui doit être pour l'aveugle
encore plus détaillé que pour le clairvoyant
et dans lequel, les planches coloriées n'étant
d'aucun secours, il faut absolument mettre entre
les mains des élèves les modèles plastiques des
principaux représentants des trois règnes.

Enfin il est important que l'aveugle instruit,
l'aveugle qui aura une profession, puisse être,
sans le secours de personne, en relations écrites
avec les clairvoyants auxquels il aura affaire.
Aussi a-t-on mis à sa portée divers moyens de
former les caractères vulgaires. Les uns sont
purement mécaniques et ne nécessitent aucune
adresse ; les autres réclament, au contraire, une
dose plus ou moins grande d'habileté. Les premiers exigent des appareils assez compliqués,
tandis que les écritures tracées avec le crayon,
ou simplement avec une pointe arrondie, s'ob-
tiennent sur des appareils beaucoup plus simples.

Nous avons, en outre, divers guide-mains,
utiles surtout aux adultes frappés de cécité
qui désirent continuer à écrire à la plume ou au
crayon, par exemple l'appareil Braille-Foucault,
permettant à l'aveugle le moins adroit de former tous les caractères vulgaires par une suc-
cession de petits points colorés. Puis vient la

stylographie, du comte de Beaufort, avec laquelle l'aveugle peut relire ce qu'il a écrit et
même lire ce qu'un claivoyant a tracé à son
intention. On place du papier un peu fort sur
une feuille de carton recouverte de drap et
divisée par des raies saillantes; le stylet, pointe
de bois, d'os ou de fer, tenu comme un crayon
par la main droite, est guidé par l'index gauche.
On écrit de droite à gauche, afin qu'en retour-
nant le papier les caractères puissent être lus
de gauche à droite et dans leur sens normal.
Un clairvoyant qui écrit à un aveugle n'est
point tenu à ce renversement; l'aveugle, sachant tracer les lettres renversées, peut aussi
les lire.

CHAPITRE IV

ENSEIGNEMENT PROFESSIONNEL — MUSIQUE

Il est beau sans doute de savoir l'orthographe, l'arithmétique, la géométrie et le reste. Le mécanisme du participe, l'extraction des racines cubiques, la théorie du carré de l'hypoténuse ont pour l'esprit des charmes incontestés et pour le cœur, dit-on, une singulière vertu moralisatrice. Malheureusement les progrès réalisés jusqu'à l'an de grâce 1888 n'ont pas rendu ces utiles connaissances aussi substantielles pour l'estomac que pour le cerveau. Le relèvement social de l'aveugle sans fortune ne peut donc être consommé qu'à la condition de lui donner un complet enseignement professionnel.

Sera-t-il ouvrier, sera-t-il musicien? Telle est d'abord la question qui se pose lorsqu'un enfant aveugle entre à l'école. Cette question

est capitale : le meilleur ouvrier aveugle, à
moins qu'il ne joigne un petit trafic à son industrie, n'arrivera jamais par son seul travail qu'à
manger du pain sec. Le musicien au contraire
peut, dans un milieu propice et avec du talent
et de l'ordre, sortir de la médiocrité pécuniaire.
Le *nouveau* est donc soumis à une minutieuse
inspection. On examine la conformation de ses
mains, on lui fait chanter la chanson qu'il sait
le mieux pour voir s'il a le sentiment de l'intonation et du rythme; enfin, par de nombreuses questions, on tâche de pénétrer la nature
de son esprit.

Si le maître expérimenté chargé de cette
enquête le juge convenable, l'enfant est inscrit
dans les classes d'essai de solfège et de piano,
où tous les jours ses facultés musicales sont
cultivées avec soin. Bien que les professions
fournies par la musique soient jusqu'ici les plus
avantageuses pour l'aveugle, on ne s'entête pas
cependant à faire des musiciens malgré tout, et,
dans les écoles bien organisées, de fréquents
examens font promptement justice des élèves
réfractaires à l'art; ceux-là sont exclusive-
ment voués à l'apprentissage d'un métier
manuel.

Pour être vraiment fructueux, il faut que

l'enseignement musical donné aux aveugles soit très sérieux.

Il ne s'agit pas en effet de métamorphoser ces enfants en boîtes à musique, exécutant au commandement un air appris par un long et pénible serinage; non, ce résultat, suffisant pour faire pâmer le curieux naïf qui visite l'école, n'a aucune utilité pratique pour l'avenir. Il s'agit de former des musiciens, des musiciennes, ferrés aussi bien sur la théorie que sur la pratique de leur art. C'est pourquoi l'on ne se borne pas à rompre les doigts de l'enfant aveugle au mécanisme du piano, de l'orgue, du violon, de la flûte ou du hautbois; on soumet avec une pareille insistance son esprit et son oreille à la bienfaisante gymnastique du solfège et de l'harmonie, qui mène à la composition vocale et instrumentale.

Ce qui permet maintenant aux aveugles de faire des études musicales rationnelles, étendues, utiles pour leur carrière, c'est l'excellente musicographie dont Braille les a dotés. Les 63 signes résultant de la combinaison des 6 points (⠿) suffisent pour noter d'une manière claire et rapide toute espèce de musique, depuis la plus simple romance *rossinienne* jusqu'aux plus touffus ensembles symphoni-

ques de l'école wagnérienne. Les notes de la
musicographie Braille indiquent par elles-
mêmes leur intonation aussi bien que leur
durée. Il n'y a donc pas de portée; tous les
signes se succèdent sur une ligne horizontale.
Cette disposition est favorable à une prompte
lecture tactile, puisque le doigt n'a pas à se
déplacer de haut en bas et de bas en haut,
mais suit toujours une même direction de
gauche à droite. Elle a encore l'avantage
d'occuper environ moitié moins d'espace que
la musique ordinaire.

La bibliographie des musiciens aveugles est
déjà considérable; ils ont non seulement la
musique imprimée à leur usage dans divers
pays, mais encore celle qui a été écrite à la
main par une foule de copistes spéciaux.

En général, l'aveugle est obligé de savoir par
cœur la musique qu'il interprète [1]; cependant le
chanteur peut très bien lire et exécuter simul-
tanément, puisque, en chantant, ses mains sont
libres. Voici comment ils apprennent. Le bon
musicien aveugle dont la mémoire est assez

---

1. Il est utile de dire que pour le jeu de certains instruments de cuivre, qui n'exigent qu'une main, et dans certains cas à l'orgue, les aveugles lisent de la main gauche ce
qu'ils exécutent avec la main droite en y ajoutant la pédale
lorsqu'ils sont à un orgue.

développée retient très bien un morceau, même
long et compliqué, après une ou deux lectures
attentives, mais purement mentales, sans le
secours d'aucun instrument. Dans d'autres cas,
on lit de la main gauche la partie de la main
droite, partie que cette main exécute simulta-
nément à la lecture; puis le contraire est fait;
la main droite lit la partie de la main gauche,
et enfin les deux mains exécutent ensemble
les parties apprises séparément. La mémoire
des notes, comme celle des mots, se développe
prodigieusement par un exercice quotidien et
rationnel, surtout lorsque la connaissance de
l'harmonie permet de comprendre ce que l'on
apprend.

A cet égard, les aveugles *phénomènes* sont
nombreux : un de mes condisciples, qui trois
fois par semaine allait au Conservatoire, où il
suivait la classe de M. Franck (classe d'orgue),
apprenait ses *fugues, tokatas* et autres *bassa-
cailles* de Bach dans l'omnibus qui le condui-
sait du boulevard Montparnasse à la rue Bergère. Il prétendait que son esprit n'était jamais
mieux disposé à retenir un *contre-sujet* ou une
strette de Bach qu'entre la rue Saint-Placide
et le boulevard Montmartre.

L'avenir est assuré pour l'enfant aveugle qui

arrive à jouer du piano en musicien, c'est-à-dire
en comprenant, en analysant ce qu'il exécute;
mais le succès est bien plus certain encore pour
celui qui, au talent de pianiste, joint le savoir
de l'accordeur. L'apprentissage de l'accordage
et de la réparation des pianos prend une importance croissante dans les écoles d'aveugles.
Cet enseignement professionnel tient le milieu
entre l'étude de la musique et l'apprentissage
des métiers. En effet, l'aveugle est à la fois
artiste, par l'oreille musicale développée chez
lui à un haut degré, et mécanicien, car il doit
faire dans le mécanisme du piano les petites
réparations n'exigeant pas la remise de l'instrument en chantier.

Si du piano vous n'avez jamais vu que les
touches blanches et les touches noires, et que
vous soyez curieux d'examiner les organes les
plus intimes de cet instrument, il faut aller à
l'Institution nationale des Jeunes-Aveugles de
Paris, vous mêler quelques instants aux ap-
prentis accordeurs. On vous fera manipuler,
monter, démonter, remonter, redémonter cordes, marteaux, étouffoirs, touches; vous en
reviendrez non parfait compagnon vous-même,
mais très bien édifié sur la manière dont les
accordeurs aveugles sont préparés à devenir

maîtres ès arts. C'est un fait remarquable et peu
connu que seules les écoles d'aveugles ayant
systématisé l'enseignement de l'accord des
pianos, ce n'est que là qu'on initie l'aspirant
accordeur aux redoutables mystères du tem-
pérament, et que l'on a substitué dans cet art
l'étude rationnelle au simple empirisme.

Le résultat est de former des accordeurs qui,
par la délicatesse de leur ouïe, par la sûreté
de leur main et l'excellence de leur méthode,
défient toute concurrence, et dont la supériorité
a été souvent reconnue par des artistes de premier ordre.

Les jeunes filles apprennent la musique
comme les jeunes gens, mais ne pratiquent pas
l'accord.

CHAPITRE V

ENSEIGNEMENT PROFESSIONNEL — INDUSTRIE

Bien des travaux manuels peuvent être en-seignés aux aveugles, car dans beaucoup de métiers il n'est pas nécessaire que la main soit guidée par l'œil. Ce qui a fait choisir tel ou tel métier, c'est d'une part la prompti-tude avec laquelle l'aveugle peut exécuter le travail, et d'autre part la facilité d'écoulement que peut avoir l'objet manufacturé.

Dans nos écoles françaises, les garçons ap-prennent la brosserie, le cannage et l'empail-lage des sièges, le filet, le tournage, la vannerie, la paillassonnerie; les jeunes filles, toute espèce de tricots et d'ouvrages au crochet, le filet, la couture, la direction des machines à tricoter.

Un fait intéressant, constaté depuis long-temps, c'est que les meilleurs maîtres pour les aveugles sont de beaucoup les aveugles.

Le professeur clairvoyant, sauf de très rares exceptions, n'arrive pas à se défaire dans son enseignement de certains préjugés, de certaines idées plus théoriques que pratiques. A l'opposé, le maître aveugle sait parfaitement quel chemin il faut faire prendre à son élève pour atteindre le but qu'il a atteint lui-même. La main du clairvoyant guidant celle de l'aveugle pour lui faire nouer la maille d'un filet, lui faire tordre un cordon de paille, serrer un loquet de chiendent ou de soie, est le plus souvent trop lourde ou trop légère; elle gêne ou n'indique pas assez. Le juste milieu est plus facilement atteint par l'aveugle qui, ayant eu à apprendre pour son propre compte, a été placé dans les conditions où se trouve l'élève ou l'apprenti qu'il doit instruire.

Pour la plupart des métiers, l'ouvrier aveugle emploie les mêmes outils que l'ouvrier clairvoyant; quelques instruments cependant ont dû être modifiés, additionnés de certains appendices qui en facilitent l'usage à l'aveugle. Tout brossier par exemple a, pour couper la soie de sa brosse, des ciseaux ou cisailles larges et longues dont une des branches est fixée à son établi; la main gauche tient la brosse par le bois, la main droite fait manœuvrer la branche libre des cisailles; le regard dirige l'opération, facile d'ailleurs, puisqu'il s'agit simplement de couper tous les rangs de bouquets de soie à la même hauteur que le rang type, dont la dimension a été indiquée par un modèle.

Afin que l'aveugle soit sûr de son coup de ciseaux, on a ajouté un support ou guide horizontal et parallèle à la branche fixée à l'établi. Ce support est mobile; il peut à volonté être éloigné ou rapproché de la lame fixe; l'ouvrier prend ses dimensions d'avance, y conforme son guide, puis il ne lui reste plus qu'à appuyer en toute confiance le bois de la brosse contre le guide qui soutient aussi cette brosse et à actionner la lame mobile, qu'il manœuvre alors avec la même promptitude et la même sûreté que le clairvoyant [1].

C'est ainsi qu'on instruit les aveugles, qu'on les prépare selon leurs facultés à entrer dans la vie pour s'y mêler à la foule des travailleurs. Maintenant il nous reste à voir ce qu'ils deviennent dans le monde, quelle attitude ils y prennent, quel rôle ils jouent dans la société.

---

1. J'ai choisi la description de cet outil, parce qu'on peut facilement le voir fonctionner entre les mains des brossiers aveugles que la Société des ateliers d'aveugles fait travailler tous les jours derrière la vitrine de ses magasins de vente, 9, rue de l'Échelle, et 143, rue Lafayette, Paris.

QUATRIÈME PARTIE

LES AVEUGLES

DANS LA SOCIÉTÉ

CHAPITRE PREMIER

L'AVEUGLE AUTREFOIS

L'aveugle ayant dans le monde une vie active, une vie utile, est chose neuve, si neuve, que beaucoup de gens ne croient pas à sa possibilité. La tradition des siècles était que, sauf des exceptions insignifiantes, l'aveugle-né, celui qui avait perdu la vue avant d'avoir creusé son sillon, restait un être faible, mineur, en tutelle, devant se croire heureux lorsqu'il n'était pas opprimé.

Le *Lévitique* disait : « Vous ne parlerez point mal du sourd, et vous ne mettrez rien devant l'aveugle qui puisse le faire tomber [1]. » Chez les Hébreux, l'aveugle devait pouvoir manger en paix le pain mendié sur le bord des chemins.

---

1. Le *Lévitique,* chap. xix, verset 14 : « Nec maledices surdo, nec coram cæco pones offendiculum. »

Dans la société païenne il n'avait pas cette garantie, et, comme tous les infirmes incapables de porter les armes, il était peu apprécié; quand on ne le supprimait pas dès la naissance[1], que devenait-il? De plus érudits que moi le diront. Avec le christianisme vint le respect de la souffrance divinisée, l'aumône abondante. Le riche doit nourrir l'infirme, le pauvre qui, rapproché de Dieu par le malheur, prie pour payer sa dette et rend en biens spirituels le bien temporel reçu. Comprise ainsi, la mission de l'aveugle aurait pu avoir de la grandeur; mais pour demeurer telle, il eût fallu chez lui une rare élévation de pensées et de sentiments.

Dans la pratique, les aveugles vaguaient par les chemins, les bourgs et les villes, les uns mendiant sans phrases, les autres, « symphonie sur le dos », cherchant à distraire nobles, bourgeois, manants, en accompagnant sur leur

---

1. On lit dans le *Manava-Dharma-Sastra* de Manou, livre IX, vers 201 et 203 : « Les aveugles et les sourds-muets de naissance, les muets et les estropiés ne sont point aptes à hériter; mais il est juste que tout homme sensé qui hérite leur donne, autant qu'il est en son pouvoir, de quoi se couvrir et subsister jusqu'à la fin de leurs jours; s'il ne le faisait pas, il serait criminel. » Autre était la coutume de Lacédémone : aux environs de la ville se trouvait le gouffre dit Barathre, où l'on jetait les nouveau-nés contrefaits ou infirmes.

instrument de prédilection les chansons de geste.

Mais ils ne s'en tinrent pas aux épopées de nos héros: ils joignirent souvent à la chanson de geste des jongleries, des pantomimes et des chansons [1] qui auraient pu avoir maille à partir avec la censure. Dans les pèlerinages, on les trouvait en nombre; leur tenue manquait

1. Nous voyons par une intéressante brochure, *Memorie storiche sui ciechi,* que les aveugles de Padoue qui gagnaient leur vie en mendiant ou avec la profession de joueurs d'instruments ou de chanteurs vagabonds domiciliés à Padoue ou dans son district, étaient obligés de faire partie de la confrérie sous peine d'une amende pécuniaire fixée à 19 deniers, et qui devait être exigée toutes les fois qu'ils étaient trouvés quêtant après avoir refusé l'agrégation... L'amende condamne à 10 sous celui qui offense avec blasphème Dieu et la Madone, au déboursé de 5 sous même celui qui, ayant entendu le frère blasphémer, ne le dénonce pas dans les cinq jours au gardien de la confrérie. D'un autre côté, la charité fraternelle était recommandée de toutes manières, je dois même dire imposée. Malheur à qui osait vilipender, insulter, envier un confrère! c'était un délit moral passible d'une amende. (Voy. Ordonnance 15.) Si quelqu'un trouve un confrère qui a perdu sa route, ou ne sait pas retrouver sa maison, il le met sur son chemin, et même l'accompagne à son habitation et lui offre de l'argent, jusqu'à 20 sous, s'il en a besoin. A ce subside, la caisse commune suppléera ensuite en remboursant le bienfaiteur, ou bien, si l'argent manquait, les confrères concourraient tous avec une part égale. Malheur à celui qui priverait le frère de l'enfant qui lui sert de guide! Bien qu'il l'ait fait d'une manière bénévole, il sera dans tous les cas puni par une amende de 20 sous; si quelqu'un tombe malade, après cinq jours il a le secours de la confrérie de 3 sous par jour jusqu'à ce qu'il se remette et retourne à son métier; s'il en meurt, tous les frères interviennent à ses funérailles portant un cierge allumé et prient pour l'âme du trépassé, en récitant vingt *Pater noster* et autant d'*Ave Maria.*

parfois de piété. Ils se préoccupaient moins,
disent toujours les chroniqueurs, d'honorer
benoîts saintes ou saints, que de déguster le
vin des crus avoisinant le sanctuaire [1].

Une moralité du xvᵉ siècle, *le Miracle de
saint Martin*, par André de la Vigne (1496),
nous donne un trait de mœurs assez significatif.
Elle met en scène un aveugle et un boiteux qui
vivent joyeusement du produit de leurs infir-
mités ; ils se réjouissent de pouvoir de la sorte
faire grasse chère et larges libations en exploi-
tant la piété des bons chrétiens. Mais le
bancroche apporte tout à coup à son compère
une terrible nouvelle : un grand saint vient de
mourir ; on va porter en procession son corps
à l'église et on dit que ses reliques ont une
puissance miraculeuse, tellement irrésistible,
que sur leur passage tous les malades sont
guéris. L'aveugle est terrifié : « Dieu, s'écrie-
t-il, si le saint allait nous guérir, que devien-

1. Un érudit, M. Léon Le Grand, archiviste aux Archives
nationales, s'est livré à de savantes recherches sur la condition des aveugles au moyen âge et sur l'histoire des Quinze-
Vingts. Voy. le *Valentin Haüy*, revue universelle des questions relatives aux aveugles. 4ᵉ année 1886, nᵒˢ 5 et suivants,
et du même auteur, *les Quinze-Vingts depuis leur fondation
jusqu'à leur translation au faubourg Saint-Antoine* (xiiiᵉ-
xviiiᵉ siècle). Mémoires de la Société de l'histoire de Paris
et de l'Ile-de-France, t. XIII et XIV.

drions-nous? Il nous prendrait notre gagne-
pain! » Le boiteux répond qu'il faut filer au
plus vite. — « Oui, dit l'aveugle,

> . . . . en la taverne,
> J'y vais bien souvent sans lanterne. »

Mais l'allure accélérée est peu familière au premier, et son compère n'y voit goutte ; ils ont une
idée ingénieuse : le boiteux grimpe sur les
épaules de l'aveugle, et, ainsi associés, ils cou-
rent au cabaret voisin. Malheureusement leur
fuite est quelque peu embarrassée ; le cortège
survient, la châsse du saint passe, et les deux
drôles sont guéris. Le boiteux est furieux de
se sentir solide sur ses pieds, mais l'aveugle (et
la distinction est assez fine) éclate en transports
involontaires. « Hélas! dit-il, je ne savais pas
quel grand bien c'était que de voir clair! Je
vois la Bourgogne, la France, la Savoie, et je
remercie Dieu humblement! »

Il faut aussi être de bon compte et reconnaître qu'on faisait peu pour donner à ces
joyeux vivants des notions austères sur le respect que l'on se doit à soi-même.

Le *Journal d'un bourgeois de Paris* nous
apprend qu'en 1425, « le darrenier dimenche

du moys d'aoust fut fait ung esbatement en l'ostel nommé d'Arminac [1], en la rue Sainct-Honoré, que on mist IIII aveugles tous arméz en ung [parc], chascun ung baston en sa main, et en ce lieu avoit ung fort pourcel, lequel ilz devoient avoir, s'ilz le povoient tuer. Ainsi fut fait, et firent celle bataille si estrange, car ilz se donnèrent tant de grans colpz de ces bastons que de pis leur en fust, car quant [le mieulx] cuidoient frapper le pourcel, ils frappoient l'un sur l'autre, car se ilz n'eussent esté armez pour vray, ilz s'eussent tué l'un l'autre.

« *Item*, le sabmedi vigille du dimenche devant-dit, furent menez les ditz aveugles parmi Paris, tous armez, une grant banière devant, où il avoit un pourcel pourtraict, et devant eulx ung homme jouant du bedon. »

On leur donna parfois un emploi plus noble. Un chroniqueur raconte qu'une année il y eut à Paris des brouillards tels qu'on avait grand'-peine à se diriger en plein jour; les Quinze-Vingts, eux, n'en éprouvaient aucune incommodité, et, comme ils étaient parfaitement

---

1. *Journal d'un bourgeois de Paris,* publié par Tuetey, publ. de la Soc. de l'hist. de Paris, 1881, in-8°, p. 204. Une estampe représentant ce spectacle fut gravée vers l'an 1600. Voy. *Collection Bonnardot,* vendue en mars 1888, n° 149.

familiarisés avec les moindres impasses de leur
« bonne ville », ils se transformèrent en guides
publics. On les louait à tant l'heure ; on pre-
nait un pan de leur robe et l'on circulait ainsi
sans danger. Dans Paris, les Quinze-Vingts
étaient maîtres et seigneurs [1] ; là, et même
en province, lorsqu'ils voyageaient pour leurs
affaires (car ils en avaient), la fleur de lis
attachée sur leur poitrine, et qui leur avait été
concédée en bonne forme par Philippe le Bel,
leur assurait la meilleure place au porche du
sanctuaire. Il y a partout des aristocraties... Ils
avaient de fréquents démêlés avec les aveugles
de Chartres, les Six-Vingts, à cause de la
fameuse fleur de lis, qui n'était pas emblème
banal et qui avait une grande importance. Philippe le Long avait donné à ceux-ci la fleur
de lis accompagnée d'un croissant d'argent,
mais les Chartrains, ayant tout avantage à
se faire prendre pour leurs hauts et puissants
confrères de Paris, oubliaient volontiers le
croissant ; de là contestations [2], réclamations
et pis encore.

1. Par arrêt du Parlement du 4 février 1634, les aveugles
des Quinze-Vingts avaient seuls le privilège de quêter dans
les églises de Paris « avec robe et bassin ».
2. En 1312, Philippe IV accorda aux Quinze-Vingts le privilège de porter une fleur de lis sur leur vêtement de dessus

Depuis que saint Louis avait créé les Quinze-Vingts, non pour les trois cents chevaliers légendaires, comme on l'a dit à tort, mais pour les aveugles de la Cité de Paris, cette œuvre eut toujours des faveurs spéciales. Les fidèles, les princes, les rois, les papes s'occupèrent des Quinze-Vingts; on fit des dons, des legs; les rois, à commencer par Louis IX, accordèrent des pensions, des privilèges et immunités; les papes publièrent des bulles pour recommander la communauté. C'était en effet une véritable congrégation : biens mis en commun, titre de frère et sœur aveugle, règle,

---

à la hauteur de la poitrine. « En 1350, Jean II, désireux de supprimer les brigues et les discordes entre les « pauvres de Dieu », détermina minutieusement la forme de la fleur de lis que chaque hôpital avait le droit de posséder. D'après cette décision, les Quinze-Vingts conservaient leur fleur de lis pleine, couleur de safran et la portaient cousue sur la poitrine au-dessus de la boîte qu'ils suspendaient à leur cou.

« Les aveugles de Chartres, au contraire, devaient porter la leur plus bas que la boîte et ajouter à cet insigne de couleur jaune un petit croissant blanc, de la largeur d'un doigt, qui recouvrait la partie inférieure de la fleur, tout en laissant passer en dessous l'extrémité de la branche du milieu. Ils ne pouvaient plus envoyer à Paris que quatre quêteurs avec un serviteur. » *Les Quinze-Vingts depuis leur fondation jusqu'à leur translation*, etc., déjà cité, p. 151.

Les Quinze-Vingts mettaient la fleur de lis un peu partout : on la trouvait jusque sur les sacs de farine de l'hôpital : c'est toujours M. Léon Le Grand qui nous apprend ce détail. D'ailleurs c'est à son étude si consciencieuse sur les Quinze-Vingts qu'il faut avoir recours quand on est désireux d'approfondir l'histoire de cet antique et curieux hospice.

costume, constitution spéciale, offices chantés
dans la chapelle, rien n'y manquait.

Avec le temps, messires les Quinze-Vingts
devinrent riches; ils formaient corps et tenaient
rigoureusement à leurs prérogatives. A Paris,
ils rabrouaient d'importance les quêteurs intrus,
clairvoyants ou aveugles, qui se permettaient
de chasser sur leurs terres [1]. Non seulement
aux Augustins, aux Théatins, à Saint-Eustache

---

1. Interrogatoire de Pierre du Poty, frère aveugle, accusé
d'avoir frappé une mendiante au cimetière des Innocents :
« A dit que le jour de Toussaints dernier, luy parlant ayant
baillé au petit garson qui le conduit six solz en doubles pour
luy achepter à disner, ledit petit garson luy vint dire que laditte fille luy avoit frappé sur le bras, fait tomber son argent
et iceluy emporté; et que laditte fille, avec autres filles de
sa compagnie, luy apportent ordinairement des solz de fer ou
de plomb à changer, luy jettent de la boue dans son bassin,
ostent la pierre sur laquelle il se sied, à cause qu'il ne les
veult souffrir mendier leur vie près laditte pierre, ce qui fust
cause que, ledit jour de mardy, ledit petit garson lui ayant
dit que laditte fille venoit de passer avec deux autres filles
mendiantes, et luy avoit jetté deux pierres dans son bassin, il
se fist conduire par ledit petit garson à l'endroit où lesdittes
filles estoient assizes près des charniers, avec d'autres filles
au nombre de douze ou quatorze, et ayant ledit petit garson
pris par le bras laditte fille et dit que c'estoit elle, qu'il
parlant recongneust à sa parolle, il deschargea seullement
deux coups de son baston sur le corps de laditte fille.....
« A dit que ce qu'il en a fait a esté par promptitude de
cholère, après plusieurs offenses qu'il a receues de laditte
fille, laquelle l'appelle ordinairement yvrongne, ce qu'elle
a fait encores vendredy dernier, et ceulx dudit hospital qui
questent audit lieu retirent tant d'indignitez des filles mendiantes, qu'elles leur ostent quelquefois leurs bassins... »
Voy. *les Quinze-Vingts*, déjà cité, p. 129.

et ailleurs, ils avaient l'exploitation du portail,
mais encore la singulière coutume de courir
obséquieusement les quatre coins de l'église,
nef et bas côtés, pour indiquer aux fidèles le
saint du jour, puis le droit de réciter tout haut
leurs oraisons pendant que les simples mortels
priaient en silence. Énumérant les tracas de
Paris au XVIIe siècle, Colletet disait [1] :

> Item ceux qui n'ont point de veüe,
> Qui campent au coin d'une rüe,
> Ces aveugles, qui, d'un haut ton,
> Frappant leurs boëstes du baston,
> Prosnent le saint à pleine teste,
> Dont ce jour là l'on fait la feste.
> L'un dit : « Messieurs n'oubliez pas
> Un pauvre homme qui ne voit pas! »
> Et l'autre, afin qu'on s'en souvienne,
> Dit l'oroison et dit l'antienne,
> De la sainte ou du patron
> Auquel on a dévotion.
> Surtout ce qui le monde trouble,
> C'est le tac-tac qu'il fait d'un double,
> Depuis 3 heures du matin,
> Contre le cu de son bassin.
> De mon temps, je sçay bien un homme,
> Qu'il n'est pas besoin que je nomme,
> Qui d'un lieu sortit avec soin,
> Car sa maison faisoit le coin

1. *Les Tracas de Paris*, par François Colletet, édités en 1666, réédités par Lacroix. *Paris burlesque*, 1878, p. 318. *Les aveugles*.

D'une rue assez grande et belle,
Où deux aveugles sur leur selle,
Le rendoient si fort estourdy
Du matin jusques à midy,
De leurs oroisons répétées
Et de leurs ammosnes comptées,
Qu'il ne pouvoit ny sommeiller,
Ny dans l'estude travailler [1].

Je ne prétends pas sans doute qu'avant le
xixᵉ siècle il n'y ait point eu des aveugles
ayant su se rendre utiles, gagner leur vie par
le travail et partant acquérir dignité et indépendance; il y en eut dans tous les temps, il y en
a dans tous les pays. Au Japon, depuis la plus
haute antiquité — qu'est-ce qui n'est pas antique dans ce pays-là? — presque tous les aveugles sont masseurs, presque tous les masseurs
sont aveugles, si bien que l'on demande indif-
féremment le masseur ou l'aveugle. Et comme
les masseurs sont, chez nos amis des antipodes,
gens fort achalandés, attendu que tout le monde
se fait masser, il en résulte que les aveugles
réalisent de beaux bénéfices, et lorsqu'ils ont
mis de l'argent de côté, ils augmentent vite
leur pécule en prêtant à gros intérêt. Une profession lucrative et originale est encore celle

1. Dès le mois de juillet 1780, on supprima les quêtes des
Quinze-Vingts. Voy. *les Quinze-Vingts*, déjà cité, p. 191.

exercée par certains aveugles du Caire : chez
les musulmans pieux il est d'usage, après la
mort de quelqu'un haut placé, de faire réciter
tous les jours le Koran pendant trente jours
consécutifs par trois spécialistes qui se relèvent; un aveugle sachant le Koran et ayant
bonne voix (condition de rigueur) a, paraît-il,
peu de chômage. Mais quittons l'Égypte et le
Japon et les aveugles d'autrefois, et voyons les
aveugles d'aujourd'hui, les fils de Valentin
Haüy.

CHAPITRE II

L'AVEUGLE AUJOURD'HUI

Je voudrais vous faire entrer, comme j'y entrais hier encore, dans l'intérieur d'un aveugle, ouvrier vivant, avec femme et enfants (deux fillettes), du travail quotidien, sans le secours de personne. La famille est locataire dans une des petites maisons qui forment l'impasse de la Tour-de-Vanves (Paris-Plaisance).

Bien qu'en avril, il faisait froid. Il était 8 heures 1/2 du soir. Le père venait de rentrer de l'atelier, une heure plus tard que de coutume; l'ouvrage pressait, par hasard. Le frugal souper à peine terminé, tout en m'adressant quelques paroles de bienvenue naïves, mais cordiales, l'ouvrier, sans perdre une minute, décroche de la muraille un épervier en train et se met courageusement à la besogne, disant avec bonne humeur : « Allons, c'est notre loyer qu'il faut maintenant gagner. » Il est en effet brossier à l'atelier, de 7 heures du matin à 7 heures du soir, et filetier chez lui, de 8 heures à minuit; la femme range prestement la vaisselle, 4 assiettes, et peu de chose avec, et de l'autre côté de la table, où l'épervier est fixé, installe son ouvrage.

Elle est brocheuse; tous les jours, ou plutôt tous les soirs, elle coud des centaines et des centaines de cahiers, surtout le petit dictionnaire Larousse; si elle avait le temps de regarder ce qui emplit ces colonnes serrées, elle verrait là la définition de bien des mots, de bien des choses qui ne seront jamais que des mythes pour elle : repos, fortune, et même bien-être et sécurité.

Je ne dis pas bonheur, et avec intention, parce qu'il est partout et nulle part, et que sa définition reste à faire...... Mais la brocheuse a bien le temps de lire ! il faut coudre, coudre, encore coudre, toujours, hâtivement, joindre les cahiers aux cahiers; ce n'est payé *qu'un franc le mille !* « Aujourd'hui, me dit-elle, je n'ai eu l'ouvrage que très tard dans l'après-midi; il y en a pas mal, je suis bien là jusqu'à une heure du matin, car, *il n'y a pas à dire*, il faut

que demain je rapporte le tout fini et bien fini à
l'imprimerie, rue du Montparnasse ; je veux res-
ter classée parmi les bonnes ouvrières, celles
sur lesquelles on peut compter, et à qui l'on
donne toujours de l'ouvrage, même quand *ça
ne va pas fort.* » Tous les soirs, la vaillante
petite femme gagne 1 franc, 1 franc 50, ce qui
ne l'empêche pas le jour de faire tout son ménage, cuisine (elle n'est pas considérable),
blanchissage, raccommodage., etc. Pendant
que nous causions, les enfants s'étaient tapis
dans leur couchette, et dormaient paisiblement, rêvant peut-être aux jouets des enfants
fortunés du voisinage, ceux des boutiquiers
de l'avenue du Maine, Champs-Elysées de ce
quartier !

Et moi je pensais, tout en prenant des notes
sur ce qui m'était dit, qu'il y a vraiment dans
les recoins de Paris de pauvres ouvriers bien
modestes, bien ignorés, qui n'en sont pas moins
des héros du travail et de la patience, qui ne
cherchent même pas dans les pages, là sous
leurs mains, la définition des grands mots : pro-
létariat, révolution sociale, etc., pensant que le
vrai remède à toutes leurs misères est encore
le courage et la patience.

Et maintenant, rentré à la maison, assis à

ma table de travail, quand je vois avec un
effroi instinctif les paperasses s'entasser autour
de moi, les affaires ennuyeuses, prosaïques,
surgir de partout, qu'il me semble que jamais
l'ancre de ma petite pendule ne ralentira ses
oscillations assez pour me permettre d'achever
à temps toutes les affaires qui doivent être
expédiées, je reprends courage, en pensant à
cet autre aveugle.... impasse de la Tour-de-
Vanves. Il écoute aussi en besognant le tic-tac
de son vieux coucou, et voyant que le va-et-
vient de ce fidèle compagnon est inflexible et
ne se ralentit pas, il presse celui de sa navette,
car il faut demain à 7 heures se trouver à
l'atelier pour gagner les 2 francs ou 2 fr. 50
dont vit la famille. Ce soir il ne se couchera
pas avant d'avoir terminé le rang de mailles
qui représente la 365ᵉ partie du loyer des deux
pauvres chambrettes où l'on couche, mange et
travaille, où il n'est pas permis d'être malade,
où une heure de défaillance cause un trouble
grave dans le budget.

Plus riant est parfois l'intérieur de l'aveugle
musicien; la maison dont il est l'unique locataire est gentille; la porte avec boîte aux lettres,
poignée et bouton de sonnette astiqués, donne
sur une des meilleures rues de l'endroit, *l'ave-*

nue de la Gare..... Elle est bien en vue, d'un
accès facile. Entrons-y : au rez-de-chaussée,
cuisine, salle à manger, salon ; au fond du cou-
loir, par la porte vitrée, on peut voir le jet d'eau
obligé s'élevant bien à 50 centimètres de la
cuvette nommée bassin, laquelle cuvette est au
milieu d'une cour ombragée par deux arbres,
égayée par quelques fleurs ; cela s'appelle jardin ; c'est un peu humide, resserré, mais enfin
c'est un jardin...... Au premier étage, trois
chambres au moins ; au second, grenier, débar-
ras ; on peut vivre dans cette maison. Allons
nous asseoir un instant au salon : c'est la pièce
de résistance. Le maître de céans nous intro-
duit lui-même ; c'est bien meublé, chaises et
fauteuils en velours d'Utrecht, guéridon avec
tapis agrémenté de passementerie (goût province), pendule de cheminée avec motif de
faux bronze doré représentant on ne sait trop
pourquoi les attributs de la vie pastorale : hou-
lette avec carquois, moutons, brebis et une
bergère qui certainement attend son berger.
Une tête d'Homère, de Beethoven ou même de
Wagner, une lyre ou une harpe serait plus à
propos, mais sans doute ces sujets sont choisis par les avocats ou les médecins. A défaut de
harpe, il y a un respectable piano ; le clavier

est ouvert, la table d'inscription porte le nom
de Montal (le plus fameux des facteurs de pianos aveugles); le dessus est chargé de cahiers
écrits en Braille (probablement de la musique),
au milieu desquels se prélasse la noire boîte à
violon. D'ailleurs tout est propre, bien rangé,
avec un grain de coquetterie : une femme doit
avoir passé par là... En effet notre musicien
est en pleine lune de miel; voici son histoire
en deux mots; c'est celle de beaucoup de ses
confrères.

Il a quelques années de moins que notre
brossier de l'impasse de la Tour-de-Vanves;
cependant il a été son condisciple. Avant d'entrer à l'Institution de Paris où tous les deux
ont été élevés, il n'était pas plus riche que son
camarade : parents honnêtes, mais pauvres,
bonne santé, intelligence suffisante, instincts
laborieux..... Mais bien vite on a reconnu chez
lui des aptitudes musicales assez marquées.
Ses études ont été bonnes, et, sans devenir un
musicien hors ligne, il a quitté l'école bon pianiste, sérieux harmoniste et contrepointiste,
aimable compositeur, organiste agréable et
excellent accordeur.

La Société de patronage, qui prend soin de
trouver un emploi aux jeunes gens et aux jeu-

nes filles sortant de la maison d'Haüy, a envoyé
notre hôte — il avait alors vingt ans — dans
cette petite ville. On y demandait un organiste
et un professeur de musique, et les environs
étaient dépourvus d'accordeur de pianos (je
ne parle pas des tourneurs de chevilles, qui se
disent accordeurs; ceux-là foisonnent partout).
Dans les premiers temps, la Société bienfaisante dut aider quelque peu son pupille, qui
n'habitait alors qu'une chambre garnie et pre-
nait pension dans une respectable famille. Mais
tout n'était pas acquis parce que notre ami était
organiste de S.....; tout restait à faire; car si le
curé, homme d'esprit et de cœur, avait *osé* offrir
et su faire accepter à son conseil de fabrique un
organiste aveugle, il ne voulait ni ne pouvait
imposer à tous son protégé pour professeur et
pour accordeur. Un traitement d'organiste n'est
pas un traitement de ministre; cependant il
faut vivre. « Faites-vous connaître, mon cher;
faites-vous apprécier, » tel était le langage du
curé et de quelques amis. Pour se faire connaître, il fallait entreprendre des tournées d'accordeur dont les frais égalaient parfois les recettes,
puis organiser des concerts avec les amateurs du
cru, concerts qu'il est d'usage de donner au profit des « pauvres », alors que soi-même on n'est

pas riche..... Mais, après avoir bien semé, il est
rare que la récolte ne vienne pas, et en effet
elle est venue ; elle est même abondante : les
tournées de l'accordeur sont maintenant fruc-
tueuses, et leur rayon s'est considérablement
étendu. Après un des fameux concerts, la fille
du président du tribunal, qui avait entendu le
maëstro aveugle exécuter avec brio la fantaisie
de Prudent sur le *Miserere* du *Trouvère*, a dit
qu'elle voulait arriver à toucher du piano
comme ce Monsieur aveugle, qui d'ailleurs
jouait si bien tous les dimanches à la grand'-
messe. La mère, le père ont quelque temps
résisté. « C'est impossible... un aveugle ne peut
être bon professeur ! » Et puis : « Comment
quitter Mme X...? Elle n'est pas habile, c'est
vrai ; elle ne te fait faire aucun progrès... mais
c'est une si bonne personne ! » Enfin, le père
s'est décidé. Tout a marché à souhait ; la jeune
fille a fait de vrais progrès ; elle ne pourra probablement jamais jouer la fameuse fantaisie
de Prudent, mais elle fit les délices des soirées
de l'hiver suivant avec les *Variations* de Ley-
bach, toujours sur le *Trouvère*. Enhardie par
ce haut exemple, la fille d'un juge est venue,
puis celle de l'avoué, du percepteur, du rece-
veur de l'enregistrement ; les financiers après

les légistes ; quelques négociants et industriels bien posés ont fait comme les fonctionnaires, et confié leurs enfants à l'organiste, dont les recettes mensuelles devinrent fort acceptables.

Une chambre plus vaste et plus confortable remplaça celle des débuts, un salon fut nécessaire, puis vint le *chez soi*, la petite maison de l'avenue de la Gare. Enfin, et c'est par là que tout finit quand tout finit bien, une jeune fille des environs, sans fortune, il est vrai, lui sembla devoir faire son bonheur, le mariage eut lieu et l'on attend des héritiers.

Il ne faut pas se le dissimuler ; quand deux ou trois bambins empliront ce joli petit intérieur, il y aura moins d'ordre, moins de propreté et aussi, hélas ! moins d'aisance ; les enfants sont une lourde charge et tout est compensé. L'organiste de S...... sait tout cela, mais il a, nous dit-il, pour lui donner courage « l'exemple de confrères ses aînés, une bonne clientèle qui se développe chaque jour, et par-dessus tout la foi en la Providence ».

Nous avons vu les aveugles chez eux afin de mieux connaître leur vie : n'est-ce pas Jefferson qui disait que, pour faire de bonnes observations sociales, « il faut, comme je l'ai fait, aller dénicher les habitants dans leurs chaumières,

regarder dans leur pot-au-feu, manger leur
pain, se coucher sur leurs lits sous prétexte de
se reposer, mais dans le fait pour s'assurer
qu'ils sont assez doux. Vous éprouverez dans
ces recherches des jouissances d'un ordre élevé,
et vous goûterez un plaisir plus sublime encore,
quand votre connaissance de leurs besoins vous
fournira les moyens de leur rendre leur coucher
meilleur, ou de placer un morceau de viande
dans la chaudière où cuisent les végétaux dont
ils se nourrissent [1]. »

Si les visites domiciliaires prenaient moins
de temps, nous aurions eu plaisir à voir chez
elles les ouvrières et les musiciennes aveugles.
Les unes, comme les autres, restent presque
toujours célibataires; les jeunes filles aveugles
qui se marient sont de très rares exceptions.

La mission de la ménagère, de la mère de
famille telle que nous la comprenons en Europe, peut difficilement être remplie par une
aveugle.

Pour l'ouvrière, la vie est rude, trop rude
même, si elle n'est pas dans sa famille ou dans
un ouvroir *ad hoc* comprenant un internat.

1. Lettre de Th. Jefferson à La Fayette pendant son voyage
de Provence, 11 avril 1787. — L. Conseil, *Mélanges sur Thomas
Jefferson*, Paris, 1833, t. 1er, p. 295.

Dans son beau livre sur *la Misère à Paris* [1], M. d'Haussonville nous montrait ce que l'ouvrière clairvoyante peut gagner dans sa journée, et il en résultait qu'il lui est presque impossible de vivre si elle n'a pour cela que son travail manuel. Celui qui en général est à la portée de l'aveugle est moitié moins rémunérateur.

Il est beaucoup plus facile aux musiciennes d'arriver par leur seul travail à se faire une existence très acceptable. On ne se figure pas la quantité de pensionnats de jeunes filles, d'orphelinats, d'asiles, d'hospices, de maisons de retraite qui, pour organistes, professeurs de piano ou de chant, prennent des musiciennes aveugles. Elles ont leur petite chambre, leur piano, leur bibliothèque, leur travail manuel ; la journée est d'ailleurs bien remplie ; elles ne sont à la charge de personne ; souvent même, avec leurs petites économies, elles peuvent aider un vieux père, contribuer à l'éducation de jeunes frères ou mettre quelque chose de côté pour l'âge de la retraite. Leur vie s'effeuille ainsi abritée contre les fortes rafales ; ni grandes joies, ni grandes tristesses. N'est-ce pas une façon d'être heureux qui en vaut bien une autre !

1. *Misère et remèdes*, par M. le comte d'Haussonville, ancien député. Paris, Calmann-Lévy.

CONCLUSION

L'AVEUGLE DEMAIN

Voilà ce que sont les aveugles après l'école, lorsque avant, leurs facultés physiques et intellectuelles étaient suffisantes, lorsque après, ils ont trouvé du travail. Vous semble-t-il qu'en les instruisant, le temps et l'argent aient été perdus? Résultat merveilleux! vous écrierez-vous; mais irez-vous plus loin? Chercherez-vous à être utile aux aveugles instruits? Voilà ce que je ne sais, et voilà cependant ce que j'aurais voulu obtenir, afin de ne vous avoir pas fatigués en pure perte.

Tout n'est pas fait pour les aveugles; loin de là : grande est encore la tâche pour nous, spécialistes, pour les pouvoirs publics, enfin et surtout pour les particuliers. Tous les perfectionnements dont les méthodes spéciales sont susceptibles doivent nous préoccuper et nous préoccupent en effet ; tous les aveugles ne reçoivent pas encore l'instruction ; il faudrait augmenter le nombre et l'importance des écoles, avoir des ateliers pour les ouvriers. Cela nous regarde encore ; mais les communes, les départements, l'État, peuvent singulièrement faciliter notre œuvre. Enfin, il faut le reconnaître, et c'est en cela que consiste ma thèse, à leur sortie de l'école les aveugles instruits ne trouvent pas assez à exercer leur profession dans des conditions lucratives. En cela le public tout entier peut beaucoup ; bien mieux, il peut tout, et sans qu'il lui en coûte rien.

Comment donc? Le voici : Vous avez un piano, n'est-ce pas? Faites-le accorder par un accordeur aveugle. Vos enfants ou ceux de vos parents, de vos amis, qui sait? de votre concierge, pianotent ; pensez que les aveugles peuvent être d'excellents maîtres.

Vos parquets, vos habits, vos chaussures, les harnais de vos chevaux usent chaque année des balais, des brosses. La fabrication de ces engins est un gagne-pain excellent pour les ouvriers aveugles. Fournissez-vous donc dans leurs magasins spéciaux [1]. Tous les genres d'ou-

1. On peut acheter des objets manufacturés par les aveugles, à Paris, 9, rue de l'Échelle ; 113, rue Lafayette ; 88, rue

vrages en laine, en soie, faits au crochet et
au tricot sont exécutés dans la perfection par
des ouvrières aveugles qui ne demandent que
du travail, toujours du travail. Auriez-vous enfin
quelque influence dans une maison d'éducation,
protégeriez-vous un orphelinat, un hospice
quelconque? Seriez-vous marguillier de votre
paroisse? Pensez-y. D'un seul coup vous pou-
vez assurer l'avenir d'un musicien ou d'une
musicienne. Obtenez qu'à la première vacance
on s'adresse à vous pour avoir un professeur
ou un organiste aveugle [1].

Instruire l'aveugle ignorant, patronner l'aveugle instruit, est un devoir social; si vous ne l'ad-
mettez pas, dites-moi, je vous prie, ce que vous
comptez faire des aveugles, car en définitive
on ne saurait les supprimer. Je ne vois que

Denfert-Rochereau; 56, boulevard des Invalides; 1, rue Jacquier; 152, rue de Bagnolet; aux hospices de Bicêtre et de
la Salpêtrière; à Marseille, 2, chemin de la Corniche; chez
MM. Bagnet, 5, rue de Monsieur, à Reims; Drappier, à Maisons, par Auneau (Eure-et-Loir); Jouffineau, à la Doineau,
commune de Mesanger, par Ancenis (Loire-Inférieure);
Désarmes, à Mointel, par Clermont (Oise); Graff, 13, rue de
la Comète, à Gentilly; à Illiers, près de Chartres (Eure-et-
Loir); à Saintes, rue des Balais; et en général dans tous les
établissements d'aveugles dont la liste a été donnée, p. 119.

1. Il suffit de s'adresser à la direction des Revues françaises consacrées aux aveugles, 14, avenue de Villars, Paris,
pour se procurer des accordeurs de pianos, des organistes et
des professeurs de musique, la direction de ces Revues étant
en relations constantes avec toutes les écoles d'aveugles.

deux alternatives; choisissez : dispenser l'aveugle de tout travail, ou le condamner au travail mécanique à perpétuité. Dans le premier cas, il faut lui assurer une pension mettant à l'abri lui et les siens, car on ne saurait lui dénier le droit d'avoir une famille; c'est le condamner à une oisiveté déplorable, c'est le démoraliser, c'est enfreindre la grande loi du travail. Dans le second cas, c'est le réduire à tourner comme un chien une meule de coutelier, à actionner le soufflet de forge d'un cloutier de faubourg; c'est en faire une brute. Oh! ce travail pourrait devenir moralisateur sans doute, mais pour un saint; le philosophe y résisterait-il? Le malheureux qui, lui, n'est ni un saint, ni un philosophe, va au cabaret chercher force et oubli. Ce qu'il devient, je le sais et je vous le ferai voir quand vous le désirerez.

Mais personne ne veut cela. Pour le vouloir, il faudrait douter si l'aveugle a une âme. Il faudrait n'avoir jamais rencontré un de ces aveugles qui mendient, mais que la mendicité n'a pas dégradé parce qu'elle est subie, non voulue. Il semble dire au passant qui pense : « Je demande plutôt votre aide morale que votre aumône. Je donnerais dix ans de vie pour que vous m'appreniez à gagner mon pain. » Valentin

Haüy il y a cent ans rencontra un de ces aveugles et il comprit.

Il comprit qu'il est beau pour l'homme de replacer un être dans sa sphère, de rétablir une harmonie dans le monde, de rendre sonore une harpe brisée. Comme lui, ne voudrez-vous pas rendre l'espérance à l'homme, la vie active à l'aveugle?

TABLE DES MATIÈRES

TROISIÈME PARTIE

LES ÉCOLES D'AVEUGLES

QUATRIÈME PARTIE

LES AVEUGLES DANS LA SOCIÉTÉ

Coulommiers. — Typog. P. BRODARD et GALLOIS.